大展好書 好書大展

心靈雅集

43

佛法殊勝嗎

劉欣如／著

大展出版社有限公司
DAH-JAAN PUBLISHING CO., LTD.

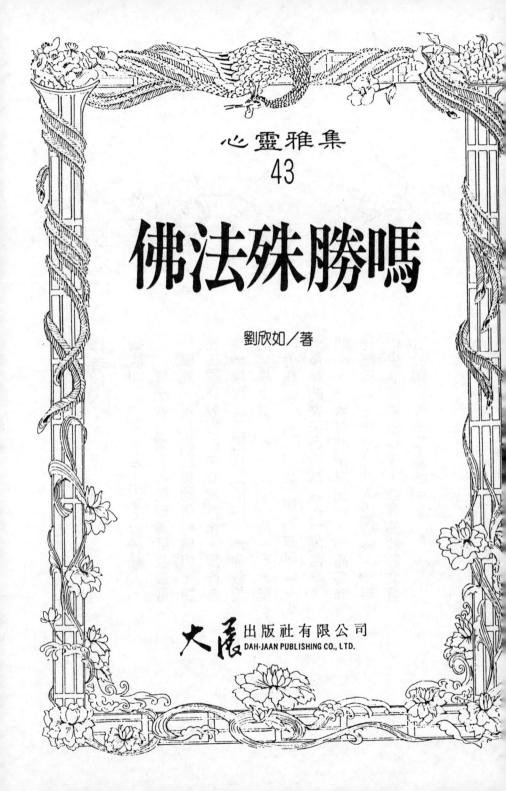

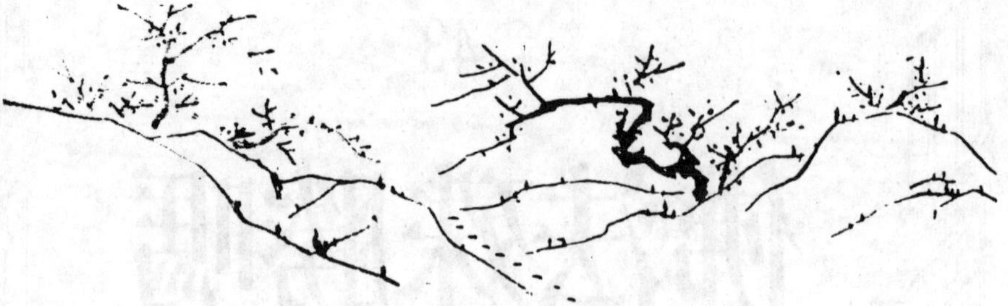

作者簡介：

劉欣如：一九三七年出生、新竹縣人。

曾任教台灣大專院校講師及福嚴佛學院。現在旅居美國洛杉磯市，擔任美國佛教宏法中心總編輯。譯作有：『阿含經與現代生活』、『佛教說話文學全集』（一～十一集）、『業的思想』、『大智度論的故事』、『釋尊的譬喻與說話』、『唯識學入門』、『唐玄奘留學記』、『喬答摩佛陀傳』、『佛教的人生觀』、『現代生活與佛教』等，並有佛教散文發表於國內外佛學雜誌。

序(一)

劉欣如先生，出生台灣省新竹縣，曾任小學教師及大學講師，業餘從事翻譯與寫作。一九八三年以來，旅居美國洛杉磯，與友人共創「美國佛教弘法中心」，餘暇致力於佛書的編譯，已出版有「唐玄奘留學記」、「現代人的佛教」、「佛教的人生觀」、「現代生活與佛教」、「喬答摩佛陀傳」、「『阿含經』與現代生活」、「怎樣活用佛陀的智慧」等書，皆為暢銷一時的優良讀物。此外，由佛光山出版社出版的「佛教說話文學全集」，更是廣受讀者的歡迎。

欣聞劉先生正著手將以往在「覺世旬刊」、「妙林」、「菩提樹」、「獅子吼」、「慈雲」、「南洋佛教」等雜誌發表過的精闢佛教散文，整理成册，以為發行；他又埋首翻譯了大乘佛典導論，也即將出版。讀者們有福了。

此行來美，甫抵洛城，即應邀為劉先生作序。有感於在物質重於精神，功利主義盛行的美國社會裡，劉先生以一介佛教徒，不計名利，不為得失，以文字般若弘揚佛法不遺餘力，可感可佩，遂義不容辭，為他作序。

翻閱劉先生的作品，無論翻譯或著作，為文簡潔明瞭，不加修飾，率性道來，令人感覺非常親切。從一系列佛教的生活智慧到佛教人生觀的發表文章，在在顯示出劉先生悲天憫人、關懷社會的胸懷。『華嚴經』、『大般涅槃經』、『六度集經』、『大智度論』等大經大論的精華躍然於紙上。所引用之故事，篇篇精采，發人深省。不必說教，就能令人深深體會佛法的大意和修持的妙處。期盼劉先生的大作能早日出版，讓讀者們從中擷取累累的果實吧！

星雲　於西來寺

一九九二年九月

序(二)

一九八五年八月，我在洛杉磯法印寺，結緣一群善知識，劉欣如居士是其中之一。之後，我和他們登記籌組「美國佛教弘法中心」，會中推薦我擔任會長，直到現在。其間，劉居士負責文宣和編輯。雖然，他平日忙於旅館事業，每有餘暇，卻全力奉獻於弘法中心的寫作、出版，至今仍然不曾間斷。

「弘法中心」成立兩年後，劉居士首先出版「『阿含經』與現代生活」，內容淺顯易懂，極適合初學佛的人，結果，很快地一版再版，但都屬結緣贈送，不收稿酬。之後，蒙台灣普獻法師無量壽出版社的資助，陸續出版「唐玄奘留學記」、「現代人的佛教」、「般若心經與美滿人生」、「現代生活與佛教」、「佛教的人生觀」、「怎樣活用佛陀的智慧」、「喬答摩佛陀傳」等書，都出自劉居士的手筆，可惜，這些書都不曾在國內流通。但是，他也在佛光山出版「佛教說話文學全集」（共十一冊），膾炙人口，受到廣大佛友們的喜愛。

另外，他平時也在國內外佛學雜誌，例如「獅子吼」、「南洋佛教」、「菩提樹」、「妙林」、「慈雲雜誌」、「覺世」等處，發表佛教散文，吐露自己十年學佛心得。他寫的文章內容，最大特色也是淺顯實用，而不在研討佛學，或引經據典去考證佛理。一切資料都取自日常生活，旨在論釋佛法不離世間法，詳述世間各種現象，都能靠佛法來破解，反證人云亦云，和知識上的論點，都不是究竟圓滿的答案。尤其，從他的作品裡，不難看出佛教不是談玄說妙，而是日常生活能夠實踐的寶典，所以，誰若讀完這些書後，都會有很多受用。

據我所知，許多初學的人，也難免誤解佛教，才不懂得處理實際生活的煩惱，例如煩惱的起因、性質和消滅的方法。當自己在看報紙或聽新聞時，常常迷惑於假相，不知緣起緣滅，而視它們為實體，執著一切，才造成根本苦惱。諸如這些例證的解說，也可從本書裡領悟得到。

無疑地，在美國弘法會碰到數不盡的辛酸、挫折，但前景是光明的，我們有信心發現佛教在美國的生存空間，不會比美國傳統的宗教遜色。毋寧說，也許有過之而無不及。一般說來，美國人比較習慣理性，有較多知識階級傾向真理，只要認為佛法符合真知拙見，首先，會很快地在大學裡講授，並接受挑戰，這樣，就不難找到立足和發展的機緣。但是，若要達到這些目標，不能仰賴奇蹟和僥倖，而絕對要依靠許多善知識來落實和努力。幸好，我們佛教弘法中心的同修們都懷有這項共識與理想，明知這是一條漫長、艱辛的路程，無如，我們只想凡事總要有人肯做第一步，以後才有人做第二步和第三步……，同時，我們也只盼量力而為，即使只能邁出一小步也不妨，讓第二步、第三步和以後的路子，因緣際會時，由別的佛友們來繼續。當然，劉居士也一直熱心參與這項事業，而不會途中退怯。

我謹代表「美國佛教弘法中心」幾位同修，表達由衷的鼓勵，說幾句肺腑的話，當做簡單的序文。

洛杉磯佛教聯合會
美國佛教弘法中心
會長　照初
一九九二年九月十日於菩提寺

自序

學佛不太論資歷，但屈指一算，我學佛也快十年了。皈依後，我匆匆來到美國。剛來兩年裡，除了奉行師父——真華上人的臨行贈言：「老老實實唸佛」，我實在沒有時間讀佛經或看佛書。但因緣不可思議，我在洛城法印寺遇見幾位善知識，繼而組辦「美國佛教弘法中心」，才在餘暇譯佛書和寫作，一直持續到現在。

最近一年，我特別留神世上發生的各種事情與現象，到底跟佛法有什麼關係？換句話說，我一面仔細地生活，一面觀察佛法與生活的關係。因為我對佛學沒有深入研究，實修功夫也不足，自然在這方面的觀察也不夠周密和精闢。不過，這些散文內容，都是我自己體驗佛法的心得，談不上知見或正見，只是拋磚引玉，想引起更多大德們來談論佛法，尤其是生活性的佛教內容，便於接引初機者和想要學佛的有緣人。

因為我學佛後，一直住在加州洛杉磯，沒有機緣參訪國內的高僧大德，恭聽他們的教誡和開示，始終覺得是一大憾事。不過，我卻有更多機會接觸異教徒，尤其是基督教與天主教徒，反而常常有比較教義和辯論的機會，結果，讓我更慶幸自己選擇了正確的信仰，也能體驗到佛法的殊勝與奧妙。

依我的淺見，佛教將來在美國的發展空間不會比在東方社會遜色。愈重視理性和知識的社會，愈能襯托佛教的殊勝、偉大，因為佛教的內涵豐富正確，將受到文明人的喜愛與擁護，這自然不在話下，怕的是，沒有人才來弘揚而已。

起先，我比較熱衷佛書閱讀，喜愛教理究竟，直到自己發覺讀經研究，沒有解除多少煩惱，經過一番反省，始知自己陷入知識論裡，變成一個佛學研究者。於是，我趕緊掉頭，轉向生活化的佛教。結果，才發現法喜充滿的感覺，原來出自於「信受奉行」。

本著野人獻曝的心情，我僅把這些心得提供初學佛的同修，希望一塊兒來享受法喜以豐富人生。

學佛中，我很感激新竹福嚴佛學院師生的接引和栽培，在洛城時，「弘法中心」的同修們多方鼓勵與提攜，尤其，本書能夠出版，幸蒙大展出版社蔡森明居士協助，令我感激不盡。

劉欣如序於

洛杉磯「美國佛教弘法中心」總部

一九九三年十月十日

目錄

現代人怎樣活得更自在呢？

我在台灣長大，也在台灣接受高等教育，之後服兵役和教書過了大半輩子，其間，幾年住在日本，直到現在定居在加州。那年返台參加師範時代的同學會，幾位同學突然問我：「台灣、日本和美國，那裡比較好？」當我沈思時，一位李同學搶先代我回答：「一定美國比較好。」不料，另一位張同學不以為然表示：「種族歧視那麼厲害，稅打那麼重，賺錢不容易有什麼好？」李同學只好望著我，以試探口氣問道：「也許日本比較好？」意外地，一位吳同學不久前從日本旅行回來，只見他搖搖頭答說：「一碗陽春麵賣兩百元台幣，什麼東西都貴，住宅又狹小，我不懂好在那裡？」這時，我也以平常心淡淡地問他們：「台灣比較好吧？」不料，他們好幾位紛紛搖頭嘆息，當然，他們的答話很容易猜想得出來。

由此看來，那天的答案一直沒有結論，意思是，那裡都不太好，三個地方都非人間淨土，想起來令人洩氣。

回美國後，我仍在回想那天的問題，到底正確答案在那裡？說來慚愧，我苦思過好長的日子，終於想通了，心裡忍不住一陣狂喜。

原來，那天所以意見紛歧，莫衷一是，原因出在問題本身有語病，也就是對於所謂「好」

的定義與界限沒有弄清楚。例如說台灣不好，馬上有人不同意，而且振振有詞地反駁：「家家都富庶，年年可以出國去旅行，不愁吃、不愁穿，有什麼不好？」

倘若列舉台灣人多擁擠，空氣污染嚴重，交通混亂，犯罪率偏高，上下一片亂象……像這樣多缺點，又好在那裡呢？

因此，先列出「好」有那些條件？弄清楚它的定義，之後才能進一步比較高下。否則，你一言，我一語，辯論三天三夜，也休想知道那裡才像人間淨土？住在那個國家比較舒服？

現在，我不妨把「好」的定義與條件，簡單解釋成活得自在，心無掛礙。因為這是人類幾千年來的憧憬，古今中外，不論帝王將相、販夫走卒，都想一輩子活得自在，沒有愁苦，之後無疾而終。說真的，人不分男女，地不論東西，職位也不管高低，統統都希望日日是好日，時時是良辰的愜意生活。這個定義無疑是天下人的共識了。

依我看，現代人要想活得自在，日子無憂，應該從以下三方面來看，這樣分類和定義似乎比較周延，也比較科學。換句話說，要兼顧以下三方面，才可以活得自在些，而比較少憂慮。

第一是，生活空間，意指我們生存所在的物理環境，包括地域大小、氣候、人口密度、污染狀況、物產種植……等，這些因素的確會影響人的生活自不自在？但也不是絕對的條件，因為人類不是地理環境的產物，這一定也是人類跟其他動物最大的差別。例如國內目前人口密度,每平方公里有五百五十人,世界上排名第二位。台北市每平方公里有一萬人,其中大安區每平方公里高達三萬人。許多人密集在這裡,會產生各種不方便,自然不在話下。可是,日本和西歐地區,照樣人口密集,也產生許多大城市,和相當多車輛,無如,他們卻有高度的文明表現,包括進步的社會制度、文化創造、治安良好、平均壽命極高……可見他們不會活得不自在,各方面有口皆碑,也值得爲世間的表率。

第二是現實生活,物質豐富與缺乏,雖然相當重要,但也不能完全控制人生的自在與不自在。想當初釋迦牟尼佛貴為王子,不用說物質享受應有盡有,還有人人想得而又得不到的權勢地位,結果,他照樣過得悶悶不樂,才會跑去出家求道。

反觀國人眼前的衣食住行,那一項不是前所未有的享受,但有多少人表示這樣會活得更自在?或無憂無慮呢?倘若事實如此,也不會有這麼高的自殺率、離婚率、犯罪率,甚至迫使有些人要避居到國外去。相反地,物質貧乏也不一定代表生活多麼苦悶,會使人悲觀絕望。我聽過好幾次星雲大師弘法,他回憶在叢林參學時代,有一次,他生了一場病,師父送給他半碗鹼菜,就讓他感動得淚水流下來,同時立志要以己身交託給佛教,報答師父愛顧的恩情。若以現代人的眼光看來,半碗鹼菜簡直不屑一顧,殊不知那種貧苦生活給了他日後心志磨練,以及弘法事業百折不撓,有很大的助益。

廣欽老和尚曾經說過一句極重要的話:「修行就是要下身。衣、食、住皆簡單,要粗衣淡飯。如果過於考究衣、食、住，就跟在家人無兩樣，對這些衣食住看淡，才能去貪瞋痴。凡事太充足，則慾望大，貪念會愈高。若要下身當從衣、食、住著手。」一般人生活也不離這項敎戒。

所以，物質條件的豐富與否，也不是造成人生自在不自在的絕對條件，充其量相當重要而已。

第三是精神世界，這不但指感情，或情緒領域，也包括宗教的信仰在內。關於前者，有些人為了寄託心靈、宣洩情感，會如醉如痴去追求藝術、音樂、讀書、運動、旅遊散步……等活動，可是，這些方式並不究竟，不夠徹底，更不會得到大自在了。例如國內某文敎基金會的負責人A女士，不幸今年丈夫去世，當然失去了最親密的人，之後，她發現任何人的安慰都沒有用，從前喜歡看的書，喜歡聽的音樂，現在都發生不了作用，最後，她才體認到眼前所能得到的慰藉，只有宗敎而已。記得李登輝總統曾在一次私人談話裡，也哀傷地透露當年痛失愛子時，幸好宗敎給他很大的助益。

關於這一點，等於深入生命領域的層次，有人說，世間只有覺悟的智者，和無知的白痴，才不會對人生起苦惱，因為智者能夠看破一切，放下萬緣，還能由苦變樂，活得逍遙自在，而白痴卻不知愁苦滋味，只會飯來張口，茶來伸手，活在世間不知不覺，嚴格說來，不屬於自在或不自在的範圍。換句話說，絕大多數的人活得很痛苦，而得不到自在。

許多考古人類學家指出，人類遠在茹毛飲血時代，就存在各種宗教信仰了，人類生活脫離不了宗教，這方面倒可從共產社會解體後，百姓渴求宗教的熱絡反映裡得到明證。所以，每個現代人若想活得自在，盡量無憂無慮，我想，就必須要維持以上三種生活的平衡，也就是三事俱足，尤其，最後一項生命領域的追求是不能忽視的。

世間的宗教有很多種，也可以說良莠不齊，有些的確屬於迷信，例如，南美洲印加人祭拜山神，利用各種聖像祈求甘霖，原始動機出自「民以食為天」，這是無可厚非，可惜，他們傳統宗教儀式有一項邪見，就是定期挑選「人祭」對象，極可能選中小孩子。像這樣的信仰，怎能跟佛教相提並論呢？也更談不上能夠得到自在了。

所有宗教裡，真正能讓人獲得究竟自在、逍遙生活，恐怕只有佛教了。

所謂自在，也就是不自在的相反。從字面上說，人不自在，就是被某些東西綁住了。那麼，只要除去繫縛人體上的東西，便得自由自在。印順導師說得最真切，他說：「世人生活在環境裡，被自然、社會和身心所綁住、所障礙，什麼都不得自由。不自由就充滿了缺陷與憂苦、悔恨與苦惱。學佛是要從這些拘縛障礙中透脫過來，獲得無拘無束的大自在。」所以，許多高僧大德，就是解脫自由的實證者了。

記憶裡，『法句經』有一句偈語，也可以詮釋自在的境界。

「因此，不執愛著，失去所愛的人為災禍；

沒有愛憎的人，就無束縛。」

無拘無束，心靈開闊，彷彿天空上萬里無雲，不是一片自在嗎？心無掛礙，怎會不自在呢？

去年歲末，我回國到新竹市一家寺廟參訪，曾跟一位法師請教幾項佛理，蒙他慈悲開示，不在意素昧平生，貿然去打擾，當他答完我的疑難時，就下個簡短的結論說：「學佛就是要得到大自在。」光是這句話，我便如夢初醒，所謂皓首窮經、經年累月，目的全在這幾個字——大自在。

平時，我雖然也有坐禪習慣，但功力尚差，距離開悟遠矣。無如，每當我翻開歷代禪師們的開示，吐露自己的禪後境界，便令我無限憧憬，因為那正是自在的描述，可惜，語言文字很難形容那種情況，難怪他們常常用：「如人飲水，冷暖自知」來答覆好奇者的問話了。

日本道元禪師為了想得到自在，在宋朝時，特地來我國參訪如淨禪師，結果悟得「身心脫落」的大自在。倘若他在日本鑽研學問，囿於知解，恐怕一輩子也不能悟透禪機，得到自在了。

世人一味執迷，便會自綑手腳，動彈不得，苦不堪言了。說真的，人生在世，心裡如果沾染了污垢，再清淨的水，也不能從中流過去。雖然，平時難免會遇到許多無聊、討厭的事情，可是，不能任它纏住自己，必須洗盡污穢，讓內心歸於清淨，便能得到絕對自在了。

我試舉幾位悟得自在的大德們，他們吐露的歡喜，實在令人動容，也忍不住讓人無限嚮往，縱使我們是初學佛的人。

例如北宋的一代詩人——蘇東坡，當他參透禪理，窺破人生的真貌，心中便有感而寫下一首詩：

「無一物中無盡藏，有花有月有樓台。」

意指人要拋棄一切計較，空無一物而度人生時，無盡藏的世界便與自己渾然為一體了。

還有一位虛堂禪師在元旦上堂時，口誦：

「年年是好年，日日是好日。」

他心裡不存任何執著，就是完全自在了。

現代佛學泰斗印順導師談到解脫者的生活，其實正是一種自在生活，那是八風吹不動——利、哀、苦、樂、稱、毀、譏、譽等，都不會讓他動心，就是到了生死關頭，都能保持寧靜而安詳自在的心境，不為死苦所煩擾。

現代人若想活得自在，除了學佛，朝這個目標實踐以外，我想，恐怕沒有其他捷徑了。那麼，『法句經』有一首詩偈值得奉行：

「若於名與色，不著我我所，非有故無憂，彼實稱比丘。」（三六七）

喝酒吸毒是兒戲？

我住在加州的洛城經營旅館業期間，碰到過許許多多奇怪的情況。其中一件給我的印象最深刻，直到今天回想起來，我仍然忍不住搖頭嘆息。

那是一個墨裔婦女，名叫瑪莉亞，年紀不到五十歲，卻有了兩個外孫女。她自己離了婚，連嫁出去的女兒也步她的後塵，生下兩個小女兒後，就離開丈夫回到母親身邊，如今一家四口擠在旅館的小房間，只有一床一廁，沒有廚房。

她們母女都沒有職業，靠領小孩子的救濟金過活。當然，那微不足道的錢是不夠生活的，其餘的收入聽說完全靠母女倆去出賣肉體，可見這是一個很低賤的家庭。母女倆同操賤業，徹底失去慚愧心與羞恥心了。

尤其可悲的是，不知從幾時開始，她們母女卻染上吸毒的惡習，一領到救濟金，就迫不及待去買毒品吸食，有時為了躲警察，就偷偷跑到屋簷下打針，或吸食大麻。一年四季就在吸毒與妓女的日子裡度過。我心想，天下最滑稽、最可悲的情狀莫過於此了。

記得有一天中午，正逢嚴冬刮起冷風，我坐在櫃台前，忽然看見對面馬路上站著許多人指指點點，好像發生什麼事情，我掀開窗簾往左側望過去，只見路邊的車輛都停住，行人也不例外，一直注視馬路的中央，我仔細一瞧，啊，只見瑪莉亞全身赤裸裸站在馬路中央跳著舞，好像嘴裡還念念有詞。頃刻間，車輛和人群愈來愈多，看她到底搞什麼花招？目睹這個情景，我心裡明白了。一定是瑪莉亞的毒癮發作，失去理性的後遺症。

那時，我立刻嘆息她這個外祖母怎麼當呢？母親都會這樣，難道女兒會好到那裡去呢？將來外孫女怎有可能往正途發展呢？俗話說：「龍生龍，鳳生鳳，老鼠的兒子會打洞。」出身吸毒和妓女家庭的女孩，除非以後遇到善知識，會感化教導，否則，命運恐怕凶多吉少，非常不樂觀。

目睹瑪莉亞毒性發作的醜態，我真是開了眼界，同時留給我一個沈痛的記憶。當我後來離開那家旅館時，瑪莉亞一家四口仍然窩在那裡，沒有能力到外邊租公寓居住。

記得有一句成語是：「求生無路，欲死無門」，不難想像是多麼恐怖的處境。當我讀到一篇毒患者的血淚告白──身毒易戒，心毒難除──就會想起瑪莉亞母女的生活不也是這樣嗎？除了讓人同情譏笑，事實上，誰也不能救她們，世上真正的救星，只有他們自己，因為解鈴仍需繫鈴人，自助才能有天助，最後才得以掙脫困境。

這篇自白字字血淚，充滿懊悔與無奈。患者目前關在雲林縣監獄，當年也是父母心目中的乖孩子，因為一時不慎吸了毒，愈染愈深，終於失去了財富、健康、溫馨的家庭和事業，可以說世上的一切幸福都跟他絕緣了。雖然，他一次又一次掙扎、痛苦和失敗，始知毒品的可怕。他說一旦染上毒癮，每天一定要施打、吸食數次，才能止癮。只要暫時斷食，身體上的反應是嘔吐、腹瀉、流眼淚、打噴嚏，全身筋骨似乎有萬蟻鑽噬般不好受，若非身歷其境，不易想像毒品的恐怖。

身上愈有錢，施打的次數會愈多，像個無底洞，永遠也塡不滿，直到傾家蕩產也還要去偷、拐、搶、騙。至於年輕女性吸毒以後，身敗名裂，早已不在話下。還有毒性會傷害腦神經、使精神意志都會頹喪，失去鬥志、萎靡不振了。

患者又說「一步錯，步步錯」，致使他進出全省各地的監獄。在各個監所裡，他看見不乏滿頭白髮的毒患者，由於長期針扎，肌肉呈現萎縮、壞死、失去彈性，或變成機器人般，軀體僵硬、不良於行了。最後，他奉勸一般人對嗎啡、安非他命、海洛因……等毒品，千萬不要嚐試，若已經上癮，也要下決心懸崖勒馬，不要陷入萬劫不復的慘境，像他那樣「求生不能，欲死無門。」

以上是那位蕭姓毒患的自白大意，坦率逼真的描述，可以讓大家警惕。但願他的心不會白費，對時下猖獗的青少年吸毒現象有些幫助。

兩千多年前，中外社會都沒有吸毒現象，佛教堅決反對吸毒，原因很明顯，因為吸毒跟佛教的生活態度完全相反，它會摧殘身體，妨礙理性，無法讓修行人證悟成佛。姑且不說佛教對吸毒的嚴禁理由，因為喝酒比吸毒緩和得多，為害的劇烈程度，也不及吸毒，而釋尊還特別對門下弟子列舉三十幾項喝酒的弊害，由此不難想像釋尊會對吸毒持什麼樣的態度了。

「鼻奈耶第九」記載釋尊禁酒的因緣，也是因為當年他親自目睹一位佛弟子，酒後不成體統的樣相，才開始嚴禁弟子們喝酒，否則，會被逐出僧團，不讓他加入修行行列。

那是釋尊某年住在舍衛國祇園精舍的故事。

且說佛陀門下有一位海聖者，曾經運用冥想力，降伏了一條惡龍。於是，一群百姓都很敬佩他的卓越法力，而紛紛要款待和供養海聖者了。

海聖者有一次接受一位優婆夷的供養，那天剛好他覺得口渴，而對方卻供養他喝了不少黑石蜜與葡萄酒。不料，他在回途中，忽然酒性發作，迫使他寸步難行，身體也不支倒地了。連他的三衣、鐵缽和手杖也到處散亂，一副狼狽不堪的樣子。

釋尊知曉後，回顧阿難說：「你快穿好衣服跟我出去一下。」

頃刻間，釋尊偕同阿難來到海聖者身邊，目睹他狼狽的樣子，乃問阿難：

「他是誰呀？」

「他是海聖者。」阿難回答。

釋尊吩咐阿難回去精舍，再偕同幾位修行人來。

一群修行人來到釋尊身邊，釋尊指著地上的海聖者，向大家說：「聽說他征服了一條惡龍，是嗎？」

有人回答親眼看到，有人也回答聽說過，不料，釋尊手指海聖者對大家說：「他現在這個樣子，連一隻小蟾蜍都驅逐不了，你們想想看，他還能降伏惡龍嗎？」

「世尊呀！當然不能。」修行人異口同聲回答。

釋尊繼續說：「可見喝酒會誤事，雖然他有能力驅逐一條惡龍，一旦喝醉酒，卻連一隻小蟾蜍也趕不走。同樣地，縱使一個人進入清澈的悟境，如果喝醉酒，照樣無補於事。諸位以後不許喝酒，誰若破酒戒，就要被逐出僧團。」

學佛的人不僅不能吸毒，也不能喝酒誤事，才是真正信受奉行佛陀的教誡。最後，請誦讀『法句經』一首偈語：

「沈迷於穀酒和果酒等，會在今世裡掘毀自己的根本。」（二四七）

佛教的職業智慧——悲願

讀完『阿含經』一段話，同時，環視一群朋友就業的現狀，我不禁十分感嘆。那段記載是，釋尊到摩伽陀國南部「一茅」這個村子，向一個名叫巴拉多賈的婆羅門，表示自己也在人間耕作，不過，作業工具和方式不同，時間地點也有差異。

例如，自己把信仰當種子，苦行當雨水，智慧當勁圈，慚愧當鋤頭，意念當縛繩，心志當犁與棒棍；而耕作情狀是，保重身體，說話謹慎，節制飲食，實踐誠實，好像在除草；心平氣和，好比一項勁圈，努力弘法，好像一隻牛，能載人到悟境，而這種耕作會得到甘露果報，在人生重重煩惱下得到解脫。換句話說，釋尊把人間當做一塊田野，視衆生的救度為職務，也是自己最大的利益，更想度盡天下蒼生，幫他們統統到達幸福的彼岸，不消說，這就是釋尊一輩子的悲願了。

說得現實些，倘若釋尊不去弘法度衆，那麽，他的職業，就是由王子升為轉輪聖王，每天發施號令，推行善政了。依現代人的觀點說，這種職業比什麽職業都好，也是目前大家夢寐以求的，除了有權有勢，名利兼得，猶如中國社會學優則仕，富商從政，甚至比利益輸送，天天可以做秀還要過癮。

然而，如『法華經』所說，佛的出世為一大因緣，他的慈悲心重，寧可不要那行職業，而甘心每天出外行乞，樂於教化，始終以度盡天下蒼生為悲願和職務。

佛教的職業觀是，只要在正命的範圍，不幹傷天害理，無益衆生的事，都不會排斥。還更進一步暗示，職業的選擇，最好含有某種悲願，以社會和自身利益為最大考量。

不一定人人要做同樣的事，應該人盡其才，學以致用，才是對人群最好的貢獻。釋尊自認為弘法度衆最合乎本意，才寧願不做轉輪聖王，而毅然選擇自己想幹的行業，根本不計較曇花一現的其他職業。

從『華嚴經』入法界品裡，讀到善財童子拜訪五十三位善知識，他們都是各行各業的專家，專業知識得到推崇，但是，他們也只承認自己擅長那一法門，而決不會吹噓，知之為知之，不知為不知，不像許多現代人一遞出名片，寫滿各種頭銜，不是××長，就是××顧問，只是八面玲瓏的作風，卻意味自己什麼都懂得。

說真的，每個人都要謀職，不僅為了生活，也為了寄託身心，最要緊的，是能學以致用，切勿所用非所長，違背人盡其才的原理。否則，無異浪費社會成本，造成個人損失。尤其，只顧眼前利益，沒有一點兒遠大的悲願，將是非常嚴重的事。

當然，人生在世，許多事不能樣樣如自己的願，例如求職也是，但在盡可能的範圍內，應該考量上述的原則。這種事跟社會習俗與變遷有極大關係。記憶裡，五十年代，台灣還在農業社會，士大夫觀念很重，工廠又不多。高中畢業生如果跑去當店員，或自己做小生意，常常會被人批評：「讀那麼多書，真可惜。」意味大材小用，竟在糟蹋自己。之後，由農業社會轉型為現在的工商環境，雖然彌漫著新潮流，國人的職業觀有巨大的改變了。無如對於職業的基本認識，還是保持原狀——學以致用——才好。

因為有許多人實在忽視職業尊嚴，和社會利益，也許國內這方面的例子不太多，但在洛城一帶，由於接觸不少台灣留學生，看到他們的行業，真讓我驚嘆不已。當然，這種現象出自社會因素，不過，個人的價值觀，包括悲願的有無，也是很值得檢討的。

我剛來美國不久，為了找職業，天天翻閱分類廣告（中文報紙），無意中發現：「博士教跳舞」的生意廣告。

我疑惑之餘，向熟人打聽，始知一位台灣來的化工博士，曾經是洛城教育局聘請的營養專家，替洛城各級學校設計過營養餐食，如今改行舞蹈教師。我在暗忖：不知何故改行換業？舞蹈跟化工知識差異太大……。

之後，我認識一位房地產推銷員，也是癌症方面的專家，得到生理學博士。由於服務單位沒有預算，被迫離開後，坐吃山空，只好轉行做起房屋推銷員了。

另一位客家同鄉也是比較文學博士，寧願不去教書，而在橙縣經營酒廊和冰淇淋店，其實，他的生意不見得好，生活僅能溫飽而已。但是，他徹底改換職業觀，不知居心何在？當然，這是個人的自由……。

我的公寓隔壁是一位彰化縣籍的物理學博士，曾在私人公司服務十幾年，後來怕被裁員，乾脆先行離開，之後，又投師學廚，如今開一家蒙古烤肉店。

一位老同學的弟弟，也在史丹福大學拿到博士，不知以前幹過什麼行業？現在卻在經營錄影帶店，顯然不理會自己的專長，似乎想以錄影帶來娛樂衆生，解除大家的心裡寂寞！

總之，洛城一帶有太多博士小店或大店，種類繁雜，但全都不是靠專業運作，當然也談不上什麼悲願，好像過一天算一天，也不在乎專業知識的浪費，和社會成本的損失等問題。這些事在這裡早已見怪不怪，不過，我總覺得……。因為撇開別的原因不說，光是求學時間，他們就花費二十年，才學得豐富的專業知識，如果不發揮或用在人間，未免說不過去。同時，也跟上述的佛教職業觀有些不大吻合。

當然，這裡的環境跟國內不同。在美國，除了公家機關比較有職業保障，不會動不動被炒魷魚。反之，任何私人機構都無所謂「鐵飯碗」也是事實，倘若懷有稍強的服務悲願，擴大利益考量，能把專業發揚在開發中國家，無疑也有光明前途，適才適所也適用，不是很美好的職業觀嗎？

回憶我住在新竹市時，隔壁王伯伯的長子，也是留美回國的學人，曾在台北市一家外國大公司服務。不料，三年後，他辭職回到新竹老家，深居簡出，埋首於譯著事業，有一天，我問他爲何要改行呢？他回答說：

「台灣正在邁向工商社會，雖然到處建工廠，也許在外國人的技術指導下，漸漸能夠生產新貨品，但就整個社會來說，都缺乏工商社會的新思想、新觀念和新知識，我想站在另一個地方，從事這項台灣社會所需要的行業，縱使一般人不知道，也不重視；我想，只要合乎社會需要，必能發揮所長，也願意默默地全心投入……。」

今年回到新竹去拜訪他，果然發現他的心血沒有白費，十幾年來，他已經出版五十多本書了。倘若每本書能銷二千本，試想這樣可以影響不少讀者？給社會進步灌輸多少新觀念？真是功德無量、偉大的悲願，總算有了回收，我一直很尊敬他。

當我讀到『唐玄奘留學記』時，也有一段話令我很感動。那就是他從印度回國，唐朝天子都要他當官，給予優厚的官祿，而這份好職務卻被他婉拒了。

相反地，他卻寧願待在寺廟裡，把印度携回的佛經，逐一譯成中文，利益芸芸衆生。原來，他從貞觀二十年起譯『瑜伽師地論』，費時兩年，也完成十二卷『大唐西域記』。記錄自己在一百三十八國的見聞。

據悉大般若經的翻譯，足足花費三年十一個月，合計有六百卷，被奉為鎮國之寶。之後，也費時三年，才譯完「阿毘達摩集異門足論」二十卷。他幾乎費時二十年光陰幹這個行業。倘若他貪財、貪官又貪權，那也無所謂悲願——利益衆生，而頂多成為著名的探險家，被傳頌一時，而不可能成為非凡的善知識和大菩薩了。

異教徒譏諷國內的佛教界，有人藉佛偷生，把寺廟當做生活的善巧方便，而不去弘法利生、實踐偉大的悲願，或把私利放在公益上，純粹把出家當做世俗的三百六十行業之一，建廟斂財，最為時髦。其實，弘法這項職業非同小可，只有大丈夫才堪勝任，像花蓮的證嚴法師奉獻這項職業，不是被尊為「現代觀世音」嗎？因為她具足偉大的悲願，落實最大的利益，才當之無愧。

最後，『法句經』一首偈語可以絕對信受：

「莫以利他事，忽於己利益。善知己利者，常專心利益。」（一六六）

修行在個人

藏經卷二裡，有一小段非常精彩的內容，我忍不住連看幾遍，總覺得它富有人情味，和相當的佛教精神，值得學佛的人領會。

且說釋尊入滅後，身為佛門十大弟子之一的大迦葉，為了想將佛法長留人間，讓世人受持實踐。有一天，他跑到須彌山頂，一面打銅板，一面作偈說：

「諸位佛弟子呵，如果你們心裡還念到佛的話，就要報答佛恩，不能那麼快入滅啊。」

銅板聲和大迦葉的偈語聲傳遍各地，讓佛弟子們都聽得見，凡得到神通的佛弟子們，果然紛紛來到大迦葉身邊。

不過，大迦葉沒有照單全收，或想多多益善。他只從中挑選一千人，除了阿難以外，其餘全是阿羅漢，不僅得到三種神通，也獲有共解脫，和無礙解脫，這是兩種最高的解脫。他們全部得到三種智慧，禪定也能通行無阻，除了通曉經、律、論三藏，也懂得佛教內外方面的經書，例如許多外道們那一套，和韋馱等十八種優良經典。總之，這群佛弟子全部能言善辯，足以駁倒一群飽學之士。

大迦葉率領一千位阿羅漢，一起到王舍城的耆闍崛山，得到阿闍世王的支持後，進行三個月夏安居。夏安居指下雨期間聚集一處，不外出，只在精舍修行和打坐。

起初十五天，相當於說戒，面向教團的團員。不料，大迦葉進入禪定，運用天眼通的神通，仔細觀察在坐的一千人裡，有誰尙未斷盡煩惱，必須得趕出教團?這一來，居然發現阿難一人尙未斷盡煩惱，而其餘九百九十九人，全部斷盡各種煩惱，清淨無垢了。只見大迦葉忽然從禪定中起立，走到阿難面前，硬把他拉出來，說道:

「現在，這裡面全是清淨無垢的人，打算結集經藏。只有你尙未斷除煩惱，不能讓你待在這兒。」

阿難一聽非常羞愧，不禁悲從中來，失聲哭泣，心想:「我服侍世尊二十五年，一直不離世尊身邊，也不曾嘗過這樣苦惱，佛的確令人尊敬，也很慈悲地諒解我。」

他一想到此，立刻向大迦葉抗辯:

「我有充分能力可以得道，但依許多佛法說，一旦證得羅漢果後，就不能服侍世尊。所以，我才寧可留下一些煩惱，為的是，要服侍世尊一輩子啊。」

誰知大迦葉不聽他這一套、聲色俱厲地責問他以前犯了六種突吉羅罪，一定先得在大庭廣衆面前懺悔。阿難只好合掌跪下，從右肩錯開僧衣的一端，脫下草鞋，當衆懺悔自己以前的罪狀。不料，大迦葉鐵面無情，板起臉孔又伸手把阿難拉著走，大聲告訴他:

「等你斷盡一切煩惱後再進來吧。只要還有些煩惱存在，你就休想進來，出去吧。」

他一說完話，立刻把大門關上。

阿難的羞愧與氣憤，不在話下。為了要重返教團，他只有設法除去其餘的煩惱了。當晚，他先打坐，之後，從座中起立繞行，熱心求道。幸好，他有豐富的智慧，只少些禪定力量，才遲遲不能悟道。現在，阿難只要得到這方面的功力，也會迅速得道的。

深夜裡，他疲乏之時，躺下來休憩。只見他退後一步躺著，一伸手抓枕頭，正當枕頭移動時，他恍然大悟了。彷彿電光閃耀，讓他在黑暗裡找到大路。這一來，阿難總算進入絕對安穩與寂靜的禪定裡，斷盡像山一樣的煩惱，而獲得三種非凡的智慧，六種神通和共解脫，證得大力羅漢的果位了。

阿難立刻來到教團門口，敲門猛叫。大迦葉問說：

「誰在敲門呀？」

阿難理直氣壯地回答：「我是阿難。」

大迦葉問他：「你怎麼又跑回來呢？」

阿難答說：「我終於除盡所有煩惱了。」

誰知大迦葉仍然心疑，拒絕開門，只說：「你從門上那個鑰匙洞裡鑽進來吧！」

阿難卻很輕鬆地回答說：「好。」

果然，阿難立刻大顯神通，剎那間，他從鑰匙洞口鑽進去。他先向大衆的腳頂禮，說道：

「大迦葉啊，請你別再責備我好嗎？」

這時，大迦葉的態度前後判若兩人，嚴肅的面孔也鬆弛些，伸手撫摸阿難的頭，語氣非常溫和地說：

「我是刻意替你著想，存心要讓你得道，才突然這麼做。希望你別恨我，我的情況也是這樣，你自己證了道，彷彿用手在空間描畫，像染不著或黏不住一樣。羅漢的心境也是如此。在一切法裡，並沒有執著之處。你回到自己的座位上吧。」

那段內容大致上如此，不是敍述得很生動嗎？極富感性的對話，讓我得到很多啟示。從這裡不難看出，學佛證道全靠自己，直到最後證果，斷盡煩惱，需要有獨立心，守法心和精進心。其間，大迦葉的袍澤愛與慈悲心，更是坦露得淋漓盡致，也足證為第一流筆法。

再說得仔細些，阿難是釋尊的堂弟，又服侍釋尊二十多年，而不曾離開過釋尊，若依世間法來說，也許有人會問，既然和釋尊關係這樣密切，難道釋尊不曾特別垂憐，教他快些得悟嗎？不會露些秘訣給他嗎？

事實上，阿難聽聞最多，在衆多弟子裡，素稱「多聞第一」，釋尊照樣幫不上他的忙，還得靠他自己下工夫。所謂「師父引進門，修行靠個人」，阿難在最好的師父身邊，依舊不會比旁人快開悟，可見問題出在他自己。人間處世也一樣，凡事求人不如求己，自助才得天助，成功不是天上掉下來，或地上撿起來的，都是長期辛苦的果實。

學佛的人，心裡一定要有這個認識，助緣也許不能控制，但主力全在自己，不能仰賴別人太多，同時，別忘了自身早有佛性，它不是別人給的。

至於守法心，也是「依法不依人，以戒為師」的另一詮釋，像阿難與大迦葉同是釋尊門下的大弟子，他們師兄弟感情當然深厚，但在重要關頭，不論起心動念，或實際行動時，仍然要堅守分際，保持原則，一點兒也不徇私，不行就不行，縱使萬分同情，也愛莫能助，不會把未證果的兄弟隱藏，反而將他在大衆面前，聲色俱厲地責問他的罪狀，不顧他臉上無光，要他當衆懺悔認錯，這是徹底實踐佛教的守法精神。

這樣，既不會誤了阿難，也不妨礙團隊的作業運作，秉公執正，莫過於此。因為公私分明，才能讓人心服，完成正確目標。

不消說，阿難被大迦葉驅逐出來，傷心透頂。誠如他說，自己服侍釋尊二十五年，都不曾飽嘗過這樣羞愧，難怪他突然懷念釋尊的慈悲，忍不住失聲哭泣了。

幸好，阿難有善根，這時，他不曾氣餒，或自暴自棄，經過一番反省，他終於發揮了精進心和勇猛心。他徹夜打坐，總算也有深厚的智慧做基礎，精進了一陣子，終於如願證得羅漢的果位。倘若阿難遲遲不能證悟，大迦葉當然不能讓他參與，那麼，阿難也不可能在結集裡扮演重要的角色了。

另一項是大迦葉的慈悲心。起初，有人懷疑大迦葉可能嫉妒阿難得以服侍釋尊那麼久，好像得到特別寵愛，所以，才會當衆羞辱他，狠心趕他出去。其實，這是大迦葉的慈悲心重，知之為知之，不知為不知，不讓阿難陷入「增上慢」裡，害他一輩子。因為阿難實際沒有證果，不能讓他誤認為自己證了果，而不再長進。所以，大迦葉熱愛袍澤，照顧同門兄弟的熱忱，令人非常感動。尤其，大迦葉最後那句話：

「我完全為你著想，只想讓你得道才這麼做。你不要恨我……你快回到自己的座位上吧。」

讀到這裡，我忍不住為他這段感人的話，掉下眼淚，無異父母責打子女，打在兒女身上，卻痛在爺娘心裡，愛之深，責之切，正是這個樣子。

總之，這段記載是歷史，也是文學，而且是最優美和扣人心弦的作品，希望學佛的人多多領會，受用一定會很多。

『法句經』有一首偈值得奉行：

「莫輕自所得，莫羨他所得。比丘羨他得，不證三摩地。」（三六五）

誰才值得羡慕呢？

有時甲羡慕乙，乙會羡慕丙，丙也可能羡慕甲……到底誰才值得羡慕呢？恐怕很少人會判斷。原因是，真正有慧眼或正見之輩不多。我所謂有慧眼，或有正見，絕對不表示讀多少年書，活了多大年紀？也不是指教育測驗後，智商在一百三十分以上的「聰明」人……。

每個人從早年開始，都存有羡慕人的心態。譬如我讀小學時，免試升學尚未開辦，每次目睹中學生（國中）頭戴小船帽，穿上童子軍制服，我不禁會嚮往和羡慕。等到自己上了中學，看見高中生可以穿長褲，肩章標示某明星學校，戴上高中帽子，我又開始羡慕。上了高中以後，照樣仰慕大學生，做了大學生又仰慕留學生，和國外著名大學的碩士、博士了。我常想，學生們的心態大都是這樣。

到了社會上，生活層面不同，接觸人物也多，對人生對事業有了憧憬和計劃，自然也有各種被仰慕的對象。最顯著的是，窮漢仰慕富豪，工廠伙計豔羡總經理或董事長，衙門職員羡慕上司可以發號施令；想做明星的青少年，更如夢如癡想做秀，能被一群影迷層層包圍，被央求簽名留念……。

老實說，羡慕也不絕對是壞事，『成唯識論』上記載，人生有貪瞋痴慢疑和惡見等六大煩惱，其中，又以貪瞋痴三毒最根本，之後會衍生二十種隨煩惱。羨慕與瞋恚很容易結成雙胞胎，它也不難跟嫉妒心變為好兄弟，多少人從仰慕開始，一時把持不住成了嫉妒心，愈演愈烈，付諸於行動後，惡業就不可收拾了，佛陀時代的顯著例證，首推佛弟子阿難的兄弟——提婆達多。

因為佛經上說提婆達多由仰慕佛陀而轉變成惡知識。最討厭的是，仰慕心有時會無孔不入，無時不在人間社會裡。凡夫有了羨慕企圖，而不能如願時，最容易生怨憎，難得肯用「沒有福報」或「命不好」來自嘲，更不肯深究成功與奮鬥的辛酸方面，一有怨念，就敢挺而走險，不顧一切，例如國內接二連三的搶劫、勒索，不都是這樣嗎？往好的方面看，有了仰慕心也會產生衝刺和幹勁，對人生與事業，滿懷不服輸，或「大丈夫當如是也」的壯志，這是羨慕的常態發展，也是良好的教育契機。所以，佛法雖然不反對人生對事物的羨慕，但要適可而止，尤其要止於智慧。

學佛在培養自己的慧眼，不執著世俗的讚賞貶斥，尤其要看得破，放得下。

『雜譬喻經』有一個例子，其中一位值得羨慕，他才是領悟佛法的大德，另一位無疑是芸芸大眾的真面目，足以讓我們檢討和反省。內容是——

兩個漢子都經營牛奶和羊奶生意，他們常在頭上頂著奶瓶上街叫賣。一天，忽然下大雨，路上滑濕難行。其中一個較有慧眼，不執著，他心想，不如放掉瓶子的奶水，即使滑倒也不打緊。他想做就做，毫不猶豫了。另一個很愚笨，捨不得倒掉奶水，依然放在頭頂上，果然兩人都滑倒了，那個笨蛋大哭不止，另一個同伴卻若無其事，看得很開，結果引起路人的奇怪，問他們說：

「你們的損失一樣，怎麼一人大哭，另一人却不在乎呢？」

我想，這個答案不言可知，看得開不開而已。

回憶起來很慚愧，我剛學佛不久，很仰慕幾位國內的佛學者，暗忖他們博覽佛經，才能寫幾冊厚厚的佛書，也必能領悟佛陀證悟的秘訣才對。有一年，我在東京聽見一位對華嚴經有研究的佛敎徒，有些茫然地嘆道：

「我有時也迷糊，到底它在說什麼？」

我猛然一震，原來他也跟我差不多？在洛杉磯結識一位快要拿到佛學博士的同鄉，看他那樣熱衷賺錢，常去拉斯維加斯賭城，自身的婚姻不美滿，也不負養育幼子的責任，我才醒悟他的佛學造詣不值得仰慕，因為他也證悟不出什麼？更非什麼大德。難怪有一次，我在佛光山碰見某位法師時，他惋惜地說：

「可惜你沒有機會接觸高僧……。」

當時，我還不太懂他的意思。原來，他所指的高僧，正是得到證悟，悟出離苦得樂，能夠證入涅槃的人。

我童年家裡很貧困，聽見誰家有錢自然羨慕，甚至暗想他家的錢給我一點有多好？不料，祖母好像看穿我的心，只聽她說：「別家有一百元，不如我身上一塊錢。」起初我聽不懂，長大後始知一百元是他家的事，與我何干？只有自己身上一塊錢才真正是自己的。

眼前，我在洛城有幾位台灣同鄉，因為不得已流浪他鄉，經濟很不樂觀，常聽他們的嘆息，當年在台灣有多好？因為被人連累，才變成眼前的貧困。我聽了暗想，沒有福報，拿到手上的錢財也會溜走或照樣守不住。

放眼四顧，南加州同鄉裡不乏富翁、教授、名律師和名醫生，論財產、論地位，不知比我高出多少倍？我現在並不羨慕，這種財富、勢力、地位或學識……等等，對我都失去誘惑力了，真正令我心儀，令我極想親近的，反而是能真正看得開，放得下，不知憂愁為何物，見人笑口常開，一副優閒自在的善知識了。記得那天清晨，我到一家超級市場，突然遇到一位中學畢業後，從來沒有碰過面的老同窗，當年坐同一桌，排隊也在一塊兒，相逢在異國，忍不住使勁兒地握握手，我問他來美國多久啦？現在那兒得意？只見他一連打了兩個哈哈，滿面春風，悠悠答道，一來美國就住在洛城，眨眼快要三十年，眼前夫妻都在市政府上班，工作穩定，住在附近高級區的自家房子……。

三天後，我到他家作客，始知他的詳細近況，他們在洛城沒有別的財產，只有這樣不動產，也沒有子女，更無「不孝有三，無後為大」的遺憾，開的只是最普通的豐田車，家居設備裝璜不見得華貴，但是，他們不幻想、不貪多，生活很實在，公家機關的假期多，夫妻兩早在二十年前起，就繞著地球旅行，尋幽訪勝，因為不貪多，自然不會怨財產少，不像其他老華僑，那個沒有沈重的功利心？那個還願多交與己無益的少年朋友？統統現實得很哩。最令我欣慰的是，他家客廳的牆壁上，掛著「鳩摩羅什」像，神壇上點著小蠟燭，我一看就知道他的信仰生活，明白他們為什麼有那種悠然自得的入世觀？一切答案都擺在眼前了。

世間事情有沒有絕對標準，好壞美醜也憑個人決定，而不必羨慕誰，例如有一次，台塑董事長王永慶，從機場坐賓士車往台北途中，因為路上塞車看得到路邊有三、五人聚在一起蹲著喝米酒加維他露，開懷歡愉的神情，讓王永慶十分羨慕，羨慕他們優閒自在過生活，殊不知對方也羨慕他坐在豪華車裏，多麼神氣，到底誰才是幸福呢？只有天知道！

人人喊知足常樂，問題是「知足」最難做，起因於欲望無止境。有時所謂知足，也不單純需要多少財產？多大權勢？要求什麼地位？例如我在客家同鄉會結交一位電腦博士，正在一家大公司當主管，台灣的老爸開一間大工廠，他又是獨生子，依照常理來說，許多人都會羨慕他，一般人心裡想要的，他幾乎全有了。

有一次對方在大庭廣衆之前，居然央求我：「喂，人會死怎麼辦？」接著，他才在暗地裡如泣如訴，透露自己眼前收入，可以在美國生活舒服，也不一定貪戀台灣的家產，但一想到年過五十歲，日子每天這樣過沒有意思，心裡著實悶得很……。可見有知識，不見得有慧眼，不見得能夠洞察無明——對人生的愚癡，這樣苦悶的人，當然不值得我羨慕了。因為他也缺乏智慧……。

說真的，這個問題不是他個人的，而是大家的，難得的是，他肯靜下心來思考，而不似其他人視若無睹，可惜，他的電腦知識也算不出人生何去何從？或如何面對人生？當年龍樹菩薩也是絕頂聰明的人，面對死亡問題，世間的知識也解答不出，最後從佛教裡找到答案，才得到解脫。

我認識的佛友不少，幾乎都是一群善知識，大家有志一同要找尋智慧，知道靠它才能徹底解除苦惱。事實上，最值得羨慕的人，即是對佛法有正確認知，解行之間，沒有距離，也無空間。只有這樣才能離苦得樂，優閒自在。那麼，智慧是什麼呢？佛教的智慧跟人云亦云的智慧不同，後者只是狡猾和欺詐罷了，怎能相提並論呢？

佛教的智慧是，懂得四聖諦，實踐八正道，破除無明，證悟生死。說得通俗些，就是沒有苦惱的自在人生。

百尺竿頭，再進一步

記憶裡，『舊雜譬喻經下』，『法句譬喻經第一』和『阿育王經卷第十』，都各有一篇佛說故事，非常深動有趣，儘管題名和內容不一樣，佛的用心卻不難理解。例如「舊雜譬喻經下」那則說話是，目連有一天初試自己的道眼，發覺能見八千佛國，乃暗自得意比佛還要棒，他居然向佛說：

「世尊，我今能看見八千佛國，佛不會比我高明吧？」

誰知佛大展神通，十方諸國起了六種震動，佛的光明通行無阻，目連只能看見這些，而佛卻遠超過這些，目連聽了如大山崩潰，放聲大哭，始知世尊稱讚他神通第一，跟佛一比較，簡直微不足道。

『法句譬喻經第一』那段故事是，釋尊在拘睒尼國遇見一位頗有智慧，勤研佛經，又通達事理的和尚，自誇天下無雙，連白天也高舉火把，到處蹓躂，大言不慚地說：

「天下人全是笨蛋，雖有一雙眼睛，也看不到東西……」

可見他多麽目中無人，縱使頗有善根，也會自毀前程，幸好佛很同情他，給他講解「四明之法」，他始知能人背後有能人，凡事不能自滿。佛後來還作一首詩偈：

「略有見聞和知識，就擅自對人炫耀。無異是點燈火的瞎子，只照亮外界，而內心很黑暗。你是世上最矇混的人，手持火把要照亮一個大國，其實只能比做一點微塵。」

他聽了也證悟了。

另有『阿育王經卷第十』一則說話是，罽賓國有一位比丘叫做善見，因為悟得天界四禪定，也具有五神通，忍不住異想天開，逢人便誇耀：

「我修得阿羅漢，如遇長期乾旱，也有本事求雨……。」

有一天，一位優波笈多聖者出來勸他說：

「你沒有好好守佛戒，表現傲慢，到處宣稱自己厲害，佛到底在那兒說過求雨的事？佛一直嚴禁弟子們切勿為了迎合世俗，而展現神通，例如求雨解旱。」

善見聽了猛然省悟，再求精進，努力修行，才證得真正的羅漢果位。

雖然，以上三事是針對修行人說話，學佛千萬不能自滿自傲，尤其不得有增上慢，或者向世俗吹毛求疵，結果只會害到自己。釋尊弘法五十年，除了因為善巧方便，才會大顯神通，否則，他那會炫耀自己佛法無邊，證得圓滿的果位？

『大智度論』卷五十二有一段話：「我衆生人……未得道時各凡夫人，初入道乃至阿羅漢名聲聞人，觀因緣法悟空小深，小愍衆生名辟支佛人，深入空法，行六波羅蜜，大慈大悲是名菩薩人。功德別異故名字亦異。」

意指佛教要世人完成圓滿的人格，因為人類尚未成熟，才要逐步努力提昇到完成或圓滿階段，由凡夫、聲聞、辟支佛，而後成菩薩，依照人格逐步高昇，才給予世人不同稱呼。

倘若中間自滿傲慢，認爲自己天下無雙，停在原處踏步，不再精進時，當然得不到圓滿的境界。

我每次讀《華嚴經》時，總覺得該經卷四十四起，到卷六十法界品那段最精彩，也最能令人擊掌與讚嘆，因為那段是善財童子求道的詳細歷程。說真的，若依照凡夫的觀點，像善財童子那樣善根極佳，又肯精進，得到十位良師的指點已經不錯，足以自慰，不一定還要繼續深造了。誰知他的精進心和不倒退心非同小可，抱持學如逆水行舟，不進則退的意志，繼續參訪天下的明師，依世俗的話說，他等於遇見五十幾位學有專長的人，學遍了天下知識，也聽多了專家的見解，不論對方的出身，職務或特技，他都統統謙虛地學到手，真正了不起，真正有成就。

俗話說「半桶水叮噹響，滿桶水不會響」，只有一知半解，或僅有些微的成就，就會吹毛求疵，表現志得意滿，這樣實在要不得。學佛修行切忌這樣，做人做事，甚至社會國家的作為也不要如此。

我想，人生和社會一樣，不僅是實修的道場，也是比賽的運動場。人生的成就是指多方面，不是只求一點的突破，還要多多益善，既要豐富，也要圓滿風光。所以，學佛以後，擬定人生目標時，也要參考修持的秩序，逐漸提昇，追求圓滿與成熟。尤其，要能自覺和自我肯定，發揮潛力，而不一定要完全迎合社會價值，或俗人的口味。勿寧說，破邪顯正，發揚正見正知，才是佛弟子的職責。

我每次觀賞運動會，總會飽覽各項比賽，因為運動場上不僅一百公尺或一千公尺賽跑而已，還有跳高、跳遠、標槍、鉛球、高欄、中欄……總計也有數十項吧！？我除了注意各項得分，還會重視總成績、精神獎等項目。

所以，人生除了知識、財富、讚賞和地位，也還有慈悲、同情、寬恕和布施等多方面的追求，每一項都要打分數，之後，還有總分或總成績，直到蓋棺才能論定，活著一天，就要比賽一天，誠如百丈禪師所說：「一日不作，一日不食」，不食當然就不能活了，計算成果的圓滿與否，也要截止那一天。

在追求錢財方面，國人的成就快由亞軍提昇到冠軍了，縱然很可喜，但最怕的是，危險會出在這裡。從上述三則佛經故事裡，發覺三位主角也不是毫無長進，而是有了小成就，才會自滿，忘記強中還有強中手，也忘了大圓滿和大成就是最後目標。國人彷佛是在運動場的一百公尺單項比賽上，贏得好成績，令世人刮目相看。

殊不知當局者迷，倘若訪問來過台灣的觀光客，那個不嘆息交通惡劣？不僅都市這樣，連鄉間小徑，只要車輛能行，全都一片混亂，簡直快要癱瘓。環境汚染也不易令人察覺，如果夜晚一摸鼻孔，眼睛又看不見，當然不知汚染空氣的嚴重性，不論在國外看報紙，或聽新聞報導，從國大會場，國會殿堂，直到地方議會，吵架打架沒完沒了，這都不是健全的民主運作。

至於勒索綁架的案子，恐怕每天每個時辰都會發生，這不表示貧困搶東西充飢，而是貪瞋痴的毒氣彌漫各地，這樣的成績當然不及格，恐怕比落後國家還不如，不消說，總分數也不理想了，距離圓滿的淨土境界遠矣！最令人擔憂的，莫過於常常耳聞：「有錢即是大爺。」或者「能賺錢等於最大」，其實，此話差矣。倘若因此而停在不圖長進的觀念裡，後果堪憂。記得我每次旅遊櫻都，都習慣住在墨田區的篠原社長家裡，他是我三十年的老友，彼此相知甚深，雙方快人快語，而且談論範圍極為廣泛。

他們除了夫婦朝夕相伴，膝下沒有子女，但在寸土寸金的東京都，卻擁有寬裕的自宅以外，還有一大片土地，據我估計，財產總值也近日幣好幾億圓。在我看來，他們算是大富豪。我們每次用餐，在餐桌前都是談話最多、最深入，也最精彩。

當然，忙碌時便不允許。我們面對電視機的節目不停變化，旁邊還放一大堆報紙和雜誌，總之，從來沒有談話資料缺乏的感覺，其所以如此，篠原社長的生活哲學是：

「我們要做一個文化人……。」

不消說，文化人的意義非比尋常，它包含最豐富、最有教養和最有思想的生活層次。他曾經很不客氣地說，如果只是肚子餓，為吃飯而吃飯，這跟一條狗有什麼不同？人類最珍貴的資產，就是懂得上進，不停地充實壯大，直到圓滿。依照佛教來說，只有佛菩薩的境界，才能成就大自在，離苦得樂。

他說得沒錯，如果指錢財，他們三輩子也吃不完，享受足足有餘，難得的是，還肯花心思做文化人。社會國家何能例外？這幾天，台灣代表團到美國忙著談判「智慧財產權」，據悉台灣產業界和政府都很恐慌，原因是，昔日的盜印盜版，和各種文化的侵佔行為，被美國人抓到充分的證據，深怕引起報復。若是真正重視文化，豈能永遠靠竊盜？應該力圖模倣以後，趕緊創作和發明，才是正路。學佛的人，都明白自身的缺陷，認知凡夫的愚蠢，之後，不停地修持精進，追求圓滿才對。

談修行

去年到東京，因為久慕某位佛學教授的名氣，我在電話裡想找個時間去請教，問他那個時候恰當？只聽他答說，近來到處兼課、又要做研究，很難抽空接見我……我心想，他既然在授課，又做研究，不知是教授佛學知識，還是指導修行秘訣？成了大忙人，也許已經開悟成了佛吧？………。

寫到此，我猛然想起『法句經』一首偈義：

「雖多誦經集，放逸而不行，

如牧數他牛，自無沙門分。」

意思是，學佛讀經固然重要，但絕對不能忘記「修行」，否則，就絕對不能證悟成佛。所以，我一直納悶那位佛學教授的修行功力？會不會只是知識論者呢？我忍不住替他耽心了。

很早以前，我對於「修行」有過一番誤解，認為那個玩意兒是莫測高深、神秘兮兮，而且非長年住在人跡罕到的深山裡不可。當然，這是我受到中國章回小說的影響。因為小說上公式化地指出，那些道行高深的道長、禪師、仙人、上人或祖師們，都很厭倦煩擾的人間，才要終年住在山裡，只吃山上的花果，喝飲林間的泉水，與青松結伴、逍遙自在。日子久了，他們也自然呈現不同凡衆的風貌，那就是俗人敬仰的仙風道骨。有時，他不得不下山來排難解紛，一旦功德圓滿，也會立刻飄然回山去。

總之，修行人都不願久居紅塵，也不吃人間煙火。修行的道場，永遠在那遙遠白雲下的山野郊區、躲開俗不可耐的凡夫衆生。

既使十年前，人間佛教不像今天這樣熱絡，正信佛教徒也沒那麼多，有些修行僧住在寺廟，也像生活在深宮道院，那怕那座寺廟座落在鬧街上，他們都愛過自閉式的修行，而不太理會人間的瑣繁事故，好像社會上發生的事跟自己無關。

同樣地，一般人也不習慣在非年節時，貿然闖進去打擾、妨礙他們的清修。所以，我那時仍以為修行道場不適合人間，一聽到造詣極高的修行人，也判定他可能修得了神通，懂得過去、未來……。

總之，在我的心裡，修行人或修行僧的生活孤獨、快要失去七情六欲，縱使出現人群，也不是凡夫，而是徹底的異人，或活菩薩。

有時回想，自己真是愚癡一個，滿腦子不合時宜的誤解，然而，那時的佛教修行又豈非如此？我怎敢妄加指責呢？

說真的，不只佛教才有修行生活，其他宗教儘管教義和規範不同，也都有自己的一套修行內容。甚至有少許部份互相重疊，或跟當地習俗、道德交叉融合，而形成很獨特的修行模式。

佛陀在菩提樹下證悟後，先度五位比丘，才開始有佛教僧團。他們除了雨季結夏安居，待在精舍裡經行修持，不曾長途跋涉？而其餘的歲月，可說馬不停蹄，從這一國走到那一國、從這一村走到另一村，也都不去深山裡隱居，過那自給自足的修行生活；反而忙碌在娑婆人間，認認真真把堪忍的社會，當做最恰當的修行道場。

所以，佛陀的慈悲行，正是在疾苦人間修來的，行住坐臥都不離人群，也都是修行的機會，只有一群小乘修行者，才會熱衷自己的清淨禪悅，一直離群索居，他們的慈悲心到底有限，原因出在過份拘泥修行的道場，太執著修持的空間。

眼前，有些人很想學佛，但一聽到成佛要靠修行，不只要念經持咒，就紛紛打退鼓，以為會犧牲許多時髦享受，何苦來哉，要跟自己過不去？人生苦短，理應及時享樂才對啊。

這是極大的誤解，也是自己的一大損失。

其實，修行生活絕對不吃苦，也不是呆板苛刻，彷彿正經八百，而是非常輕鬆和容易，因為行住坐臥，舉手投足，和言語表情，都是修行的內容，只看自己願不願意，而絕對不是能不能修持，不論有多少善根，屬於那一族裔，年齡有多大，學識有多深，只要有心學佛修行，對自己一定有受用。修行生活絕對不拘束、不苛刻，一切都會自然成習慣，而不會動彈不得。

佛教修行分成戒、定、慧三方面，真正實踐「菩薩六度」——布施、持戒、忍辱、精進、禪定和智慧。這是修行的總綱領，也是成佛的捷徑。

舉例來說，倘若走在街上，或自己開車，只要遵守交通規則，不闖紅燈，或不爭先恐後，妨礙別人，都是一種修行，這樣等於徹底落實戒律精神。

若走在路邊看到一枚紙屑，能夠順手撿起來丟入附近的垃圾筒，也是修行之一，因為保持清潔會給人歡喜、給人方便。說話溫和、笑臉迎人、態度謙恭，都屬於無財布施，也能廣結善緣，促進和諧的人際關係。

平時搭公車，若肯讓位給老年人，或殘障者，不急躁、不擁擠，也都算修行。在家裡孝順父母、友善兄弟、慈愛子女、敬愛配偶，在在發揮愛心，不就是具體的修行表現嗎？如果說得更仔細，個人沒有不良嗜好，定時工作和休息；不愛暴飲暴食，保持正常的生活習慣，也統統是學佛人的修行項目。

佛教的修行並不難，只問自己有沒有心？

最要緊的是，修行要珍惜當下，不要推說現在不能，以後再修。學佛的人一定明白世事無常，生命也不例外，誰能保證自己以後有沒有機會修行呢？

例如我有一位搞房地產的同學，一看到我就訴苦近來真忙、沒有時間修行。不料，他上個月一次意外車禍中喪生了，我聽到非常替他惋惜。

還有一位學佛的親戚，五年前在美國經營旅館業賺了兩百萬美金，他一時看不開，捨不得布施一些，只推說以後賺更多錢才布施，誰知風水輪流轉，美國的經濟蕭條日益嚴重，害得他們旅館生意支撐不下去，被迫丟回給貸款那家銀行，連當初所賺的錢都賠進去，甚至影響到眼前的生活……。結果，財施的機會也落空了。我心想，他今生恐怕難得有財施的機會了。當然，除了財施以外，無財施也有功德。

總之，修持任何一種行業都要把握現在、而莫待明天、後天……。

佛門有句話：「師父引進門，修行在個人。」修行純粹是自己的事，功德也由自己得。只看發心不發心，此間又有何難呢？

學佛的目的要得真智慧，必須依據戒、定、慧三方面來修行，得到真智慧才能破執著、除煩惱、斷生死、成佛果。修行的好處說不完，但是，百聞不如一試，學佛就要認真修行，唯勤唯誠，持之有恆。

何謂真正的布施

想起全球經濟低迷，美國無數低收入家庭的生活恐慌，惟獨台灣能夠穩定成長，而且許多人仍在盡興吃喝玩樂，我不禁想起『大智度論第十二』有一段話。那是釋尊的教誡：「聰明人發現附近火災，會想到風向和水源，預測可能碰到的危險，馬上搬出財物到安全地方。縱使不久房屋被燒毀，也幸有財物留下，可以維持生計。布施也一樣，聰明人懂得無常，故在無常風尚未吹到以前，會自動布施行善。這樣，不但福德有報，也會快樂無窮。只有傻瓜聽到起火，只會驚慌，火勢被強風一吹，既救不了房屋，也會損失一切，生活立刻陷於不幸。這樣彷彿佛吝嗇鬼不懂布施的真諦，忽視人生無常。

財富也不離無常，若只拚命攢錢存錢，苦心積慮不讓人知道，一旦喪命，平生儲蓄也享受不到……愛布施才會受人尊敬、名揚四海，心如獅王、不畏苦惱，才能渡世。死後不論出生天界或人間，都能得到歡樂果報。」

布施的好處，講得一清二楚。若再依據『諸經要集卷十』所說，布施還有四種福報，我想世人最熱衷的，莫過於「施少得福多」這一項，那就是竭力以慈悲心供奉好人，讓他精進，免於落難，也照樣有很大的功德，這一點最令人讚嘆。

佛教說布施才是治療貪心最好的手段。

小乘教派肯定布施可以破除吝嗇與貪慾，免除自己來世的貧困；而大乘教派說得更徹底，布施是解脫的方法之一，不但造福別人，也能累積自身的功德，它跟大慈大悲的教義緊緊相連；用來超度衆生最方便，也可以直接實踐菩薩道。

說得明白些，布施是根本不期待回報，沒有一點兒交易的意思，倒不一定有巨富才能布施，我記得很清楚，例如，以前我在窮人區一間旅館工作，那裡幾乎半數以上的房客都靠救濟金度日，有人在下期救濟金尚未發放以前，就花光身上所有的錢，連吃飯住宿都無著落，走在路上伸手向行人行乞，有些人活該，有些人也蠻可憐。結果，我不時看見善心人士偕同窮漢走到櫃台，自掏腰包替人付房租，看那些善心人也不像很富裕，但他所表現的灑脫、仁慈和慷慨的態度，令我頗為心動。那時，我不禁好奇問他：

「你是教會的人嗎？」

對方說不是，我更好奇地追問下去：

「他是你的朋友嗎？」

對方也說不是，只聽見他淡淡地回答：「我只幫他一點兒小忙。」那種毫不在乎的語氣，正是不期待回報，發自內心的真正布施，也是人性中最光輝的舉動之一。

事實上，人間是不平等的，因為世人的智力、才能和機遇都不一樣，才造成社會不平衡，也是世界的亂源之一。立法動機再好，訂得再週詳，也不能保證大家一樣有飯吃，有衣穿。例如，資本主義標榜自由競爭，很快造成貧富的巨大差距，窮人到處走頭無路，政府雖然用各種所得稅法，協助窮困，壓抑富人的貪求無厭，照樣難得圓滿。

許多富人的辦法很多，電腦再好，計算機再準確，照樣難防他們逃稅，有人依舊執著財富，不肯透過政府推展社會福利……那麼，鼓勵布施是最好方法，尤其是佛教的布施最週全、最圓滿，也最有效。

原因是，佛教的布施無相，布施後不得獎也有受用，即使用無名氏布施，也有福報，照樣有歡喜心，所謂助人為快樂之本，不是無的放矢。

布施是佛教實踐慈悲的具體方式之一，不一定財施或法施，無畏施也能當做解決社會衝突，和勞資糾紛的潤滑劑。例如美國企業總是競爭不過日本公司，日本人還嘲笑美國工人「懶惰」、「文盲多」，其實，許多專家們指出日本公司重視人的因素，譬如終身僱用，可以保障員工生活安定，給予員工信心，免於恐懼，不像美國老闆短視人的效益，動不動就叫人滾蛋，這樣對於低收入員工那有人權可言？

老闆貪求無厭，好像克萊斯勒汽車公司總裁愛克，年薪高達四百五十萬元，經營一有紅字，只知裁員，不懂布施，薪水還比員工多出幾百倍，這樣怎能激起員工的熱心與忠誠？產品怎會有競爭力？勞資怎會不衝突呢？

中國古代的楊子表示拔一毛利天下也不為，不但缺德自私，後果也不會好。他會像『生經卷一』所說那隻「我所鳥」一樣，因為，牠停在一棵枇杷樹上，春天一到，枇杷成熟，牠捨不得果實被人摘去做藥品，只會大聲猛叫：「這是我的東西，你們不能摘走。」牠的叫喊成了吐血似的哀鳴；但誰也不理會牠的叫聲，縱使成熟的果實被人摘光，牠也哀號至死方休，說來真可憐。

事實上，牠的前世是一位百萬長者，既不肯供養父母，也苛待妻兒和僕人，更不肯布施積德，他死了無人哀悼他，也無人繼承家業，不知生前何必這樣看不開？

這種作風要不得，世人千萬不可倣效。

儘管布施的目的不期待什麽，實際上，如星雲大師所說，布施彷彿種福田、播種子，種一得十，種十可得百，種百可得千，世人何樂而不為呢？

我僑居美國許多年，一直很留心這裡民情風俗，雖然資本家貪婪財富、刻薄寡恩，美國政府每年也將一大把鈔票往國外援助，主要動機為了美國利益，才保護該地區的安全，這是可圈可點，然而美國老百姓卻也樂善好施、熱心助人，民間對於各地區的慷慨捐助，從來不落人後，也的確贏來不少佳話，和真正的友誼。

現在，先進國家都竭力保護野生動物，把生存權也推及動物身上；基本上，都是以大慈悲心幫助畜生野獸，減少牠們的恐怖、憂慮和苦難。

一般來說，社會上的醫生、護士、律師、警察、社工人員或生命線中心，都是施無畏者。嚴格來說，父母終身對子女時時刻刻都在施予無畏，相對地，子女照料父母，承歡膝下，也是施無畏，這些都算布施。

在美國紐約，一直被稱為現代維摩詰居士的沈家楨大德，在『金剛經研究』裡，特別指出金剛經頌偈中一首偈——

檀義攝於六 資生無畏法
此中一二三 名為修行住

這相當於「菩薩於法應無所住行於布施」的布施，屬於不著相布施，這就是所謂不住色聲香味觸法而行布施的布施。因為色聲香味觸法都是相，所以概括地說，佛陀所強調的是——要我們學這一類不住相的布施。

此外，不要對布施時的相，起分別心或計較心，才是真正的布施。

浩浩天恩，還我淨土

印象裡，「亂世佳人」這部電影長片的女主角——郝思嘉，在故事結尾，有一個極短暫，卻也非常感人的鏡頭，只見她的雙手從地上抓起一巴掌泥土，情緒波動地說：「不管世局怎樣，我永遠熱愛腳下的土地……。」

我當時聽了，心裡一驚，暗忖：「土地對人類的意思不同凡響。」後來，我又不時讀到某某流亡政客或文人，半輩子有家歸不得，內心寂寞無比，一旦禁令解除，踏上祖國或家園的大地，頓覺腳下有無比的芳香，情不自禁雙膝跪下，低頭熱吻眼前的泥土，吐露自己的生命，跟這裡的土地交融一體，死也要塵歸這塊土地………。

沒錯，人類與土地的重要性，簡直說不完；某些時候，也會使個人對某處土地有感情，這恐怕是許多離鄉背井的人都有過的體驗。

例如，我前年返國，重遊幾處舊地，就生出複雜的感想，尤其，走進了闊別二十多年的竹師校園，特地在大操場走一圈，步上幾條羊腸小徑，每踏出一步，就不由得憶起當年的情景，頃刻間，彷佛年輕了二十歲，那時的心情真有些激動……。新式建築取代昔日的樸素校舍，反而讓我無法接受，只有不變的校地讓我留戀與回憶。

中國人常說「安土重遷」或「落葉歸根」，想把自己的老骨頭埋在家鄉的土地下，可見內心對家鄉故土多麼執迷？有多麼深厚的感情，其實，豈止中國人如此？報載前菲律賓總統馬可仕，死後四年的遺體，仍然被運回祖國地下埋葬，可見他做鬼也要在自己的土地上。

人類沒有土地，就等於沒有家了，例如移民來美國的人都說，自己像無根的蘭花，無根即是飄浮，沒有歸宿，或失去立足點，永遠像在半空中搖盪，那種滋味的確不好受，所以，家鄉故土對他們有極大的吸引力……。

在人類歷史上，所謂大國小國，倒不一定指人口有多少，而是指土地有多大或多寬？民族糾紛或兩國相爭，有時不一定是政治、經濟的原因，而純粹要佔領對方的土地。例如第二次世界大戰前，納粹德國極需生存空間，正是渴求土地的代名詞；日本軍閥侵略中國與東南亞，不是刻意去殺人搶物，而是企圖佔領土地資源。

在人多地窄的國家社會，土地的價值，非同小可，像日本、台灣和香港，幾乎寸土寸金，那裡的首富往往不是擁有工廠的工商巨子，反而是懂得炒地皮的房地產專家。

相反地，像美國地大人稀，旅行到中南部，車子走了半天，一直看不到人煙，那裡居民就不懂土地的價值了。所以，最近幾年，不少國人來美國炒地皮，投資房地產，由於不懂異國的風土人情，而吃了大虧，損失都相當慘重。因為美國人對於土地太不熱衷了，完全相反於國人對土地的狂熱愛好。尤其，在美國人心目中，土地不一定代表財富……。

人類有了土地，才擁有一切，包括文明、文化……等所有存在，尤其，居住土地的好壞，跟生活條件或程度有非常密切的關係。歷史上任何擁有輝煌文化的民族，都居住肥沃適宜的土地上。反之，貧瘠與氣候極端的地區，就乏善可陳，在現代社會也不值幾個錢。自古至今，土地問題幾乎成了戰亂的最主要原因之一，近年來，國內的政治氣候，也牽涉到土地與鄉土問題了。

例如，報紙上常常強調鄉土感情、鄉土教育……所謂鄉土，正是指地方、地區或周圍環境，有了這些才有所謂命運共同體。不久前，民進黨元老黃信介在加州「新亞週刊」上，也刊出一句非常動人的話：

「只要有土地，就能耕耘出民主的果實。」

顯然，他把土地看成民主的基地和搖籃了。

不說文明社會的人高估土地的價值，把它當做財富之一，連落後地方的居民也有這種心態了。例如，近日報載澳洲原住民紛紛要求政府歸還土地所有權，可見他們也開始醒悟土地，尤其是家鄉土地對自己的重要性。

但很奇怪的是，雖然不分東西南北，大家都有志一同重視土地之餘，卻也愈來愈不愛惜自己所立足的土地，例如在地上堆積垃圾，工廠排出污穢、廢水，而落後地區濫伐地上的森林，糟踏地上的自然生態，處處可見土地被破壞，被任意糟踏，像這樣暴殄天物，遲早會自食惡果，到時候連佛陀也愛莫能助，因為業報難轉，只有自己承擔。

有道是：「一種米可養百種人」，同樣地，「一塊地也可載負百樣人」，兩者的意思大同小異，但後者特別含蓋土地的偉大，竟肯一視同仁，供養和包容形形色色的人，不管是好人壞人，聰明愚笨，或男女老幼。而且默默地，從不計較地提供人們各種生活的需要，它的恩情和仁慈似乎都被世人忽視掉。

幸好，兩千多年前的佛教，開始促使世人對土地的認知，諄諄指示土地不僅對人類恩同父母，也對待所有生靈──動物、植物、礦物、或胎生、卵生……等，沒有分別心，同樣慈悲，而提供數不盡的生存養料。同時，也教示人類對腳下的大地，應該有一份感激與愛惜之心。

換句話說，佛教徒起碼要有一份熱忱保護水土，珍惜土地資源，別在貪、瞋、癡等強烈妄念下，盲目與肆無忌憚地破壞自己的家園鄉土，否則一定會後悔莫及。

佛教徒都知道世界萬物和人的身體，都由所謂四大──地、水、火、風組成的，意指土地是造就一切色法的要素之一，它代表一種堅性。如果人類生病，那是因為這四大要素不調和，而這四大組成的身體，雖然可以取名為「我」，實際上是無主體。

總之，佛教對土地的定義很精闢獨到，尤其，格外地指出它是人體的組成要素之一，故不能等閒視之。

佛教對土地的讚嘆可從經典裡看出來，佛經上說菩薩修行五十二階位的最終十位，特地取名為「十地」，只要到達這十位就能生成佛智，並且住持不動，不僅能負荷，更能化育芸芸衆生，彷佛大地能夠生成、住持，並負載萬物一樣……。

一談到土地，佛教徒必會聯想到跟土地關係最密切的一位菩薩——地藏菩薩了。只要知曉這位菩薩的特性，自然能領會土地在佛教的份量，實非等閒。因為地藏的特性是：「安忍不動，猶如大地，靜慮深密，猶如密藏。」

據說這位菩薩曾經受到釋尊的付囑，在釋尊圓寂後，到彌勒菩薩成道前的一段無佛時代，發誓要度盡六道的衆生，才願意成佛，足見他的慈心悲願何等浩瀚，難怪佛教中常常用「衆生度盡，方證菩提，地獄未空，誓不成佛」來形容他了。而最膾炙人口的，莫過於「我不入地獄，誰入地獄」這句話，最能反映這位大菩薩的心願，既然明白了地藏菩薩的特性，也不難理解土地在佛教的解釋是多麼徹底、周延和究竟了。

邪道怎能上天堂呢？

上個月美國發生兩件震驚全球的大新聞，一件是紐約世貿大樓爆炸案，另一件是德州一名自稱救世主的柯瑞希，率領一群信徒反抗聯邦武裝人員圍捕，造成傷亡事件。

依據報紙上說，柯瑞希平時熱心傳播末日來臨的訊息，也鼓勵信徒到處搜購槍枝，準備隨時和異邦人作殊死對抗，以便進入天堂……平時跟信徒們在自造的莊園裡，過深居簡出、自給自足的中古式生活……十幾名女信徒甘心為他懷孕生子……對聖經各章節能倒背如流，不斷引經據典證明自己的論點正確……。

我讀完這些，直覺地認定柯瑞希這個漢子是個神經病患。有人說他是宗教的狂熱份子，倘若如此，那他已經走火入魔，凡是所思、所見、所說和所為等一切，都離不開「邪」與「妄」，成了標準大魔頭，非常恐怖。其所以這樣，我倒不認為基督教的聖經是異端，毋寧說，純粹是他個人和追隨者的腦筋發生「短路」了。因為一千多年來，有過無數的熱心基督徒，不但活得很好，還會投入社會的公益事業，成就感人的道德模範。

首先，柯瑞希心目中無所謂色戒，因為他荒淫無度，跟女信徒亂來，聽說他又吸毒，頭腦被毒品燒壞。光是這些，依學佛的人看來，他就犯了妄語、邪淫和飲酒等三戒。例如，他不斷傳播世界末日，胡亂解說聖經，用些歪理邪見迷惑信徒，不是違反妄語戒嗎？在佛教裡，遵守五戒才能有清淨生活，這也是修行的起點，如果連這基本的生活規範都不肯實踐，那他還當什麼「再世基督」呢？簡直胡扯嘛！

事實沒錯，這個世界是有許多缺失，佛教認為是「堪忍」，然而，佛陀教誡許多修行法門，不但能適應娑婆世間的生活，還能離苦得樂，成佛作祖。總之，絕對不教導世人逃離人間，反而鼓勵學佛的人，要視這個苦惱紅塵為道場，進修德業，怎可永遠在莊園裡顛倒妄想，與世隔絕呢？這樣沒有正知正見的教派領袖，怎能給人信任與歡喜呢？

柯瑞希妄言要率領信徒上天堂，我想，基督教的天堂不是靠這種方式進去，也不該讓這群人進去。學佛的人知道天界，在六道裡也算蠻不錯的地方，但要出生到那裡，一定要靠自己的業報。只要業報適當或具足善果，自然能上得去，而不必求情拜託，或向誰送紅包。可是，天界也不是永遠待得住，因為果報完了，福享夠了，壽命結束，還得改往別處。『增一阿含經』和『大般涅槃經』都提到「天人五衰」，意指天人也只不過住在欲界、色界和無色界，依舊不離輪迴的痛苦，若要永遠解脫，只有累積功果，證悟成佛才行。

由此可見，柯瑞希嚮往的天堂或天界，不是究竟解脫，永遠可以居住的所在。佛教主張十界——地獄、餓鬼、畜生、阿修羅、人間、天界、聲聞、緣覺、菩薩、佛——。天上仍然屬於迷界，而不是悟界，而最殊勝的悟界，也只有佛界，可見柯瑞希所嚮往的層次，仍然在迷界，也是有輪迴苦惱的世界。而且，依他所作所為，或身口意的業報來看，他不但不可能進到悟界，恐怕還要下地獄，因為他妖言惑衆，罪大惡極……。

據說柯瑞希的信徒裡，不乏來自別州，甚至遠從英國和澳洲來的男女，都受惑於他的邪說邪見，讓人覺得他們統統著了魔，分不清正邪是非。另外，也讓我想起佛陀時代的提婆達多，頗有一聲吹嘘的本領，居然也能暫時誘拐一批新出家的比丘們，脫離佛陀而去。他一味宣傳違反佛教的主張，甚至為了達到目的，不惜破壞教團。最後，他遭到惡報了。不說別的，光說柯瑞希持槍拒捕聯邦的武裝人員，最後難逃自焚的惡果。

看在佛教徒眼裡，柯瑞希的最大敗筆，彷彿時下許多外道在搬神弄鬼，嚮往神通，熱衷魔術，而那些終究不是正確的宗教觀，不可能給人幸福的生活。若要得到永遠解脫，只有依照佛陀八正道的生活途徑，才能得到智慧，然後永遠解脫。

佛陀說人世是苦海，以前是，現在也是，而八正道正是渡苦海，到彼岸的八條大路，可惜，柯瑞希的作為跟八條正道相反，結果悲劇收場，乃是意料中的事。

若要上天堂，到天界，任何邪「道」都上不去，只有走八條聖道——正見、正思、正語、正業、正命、正勤、正念、正定，才會直通天界的大門。所以，柯瑞希的走法差矣，學佛的人都會替他惋惜，看樣子，他只有等到下幾輩子了。

學佛與自度

『六祖壇經』「行由品第一」有一段話，讓我非常著迷，因為它不但是修行證道的指針，也是做人和處世的原則。那是五祖送惠能回南方，五祖親自搖槳過河，惠能看見老師父這樣把櫓自搖，很過意不去，就對五祖說：

「請您老人家坐下，還是由弟子來搖槳吧！」

五祖堅持不肯，只說：「我來度你才合理。」

誰知惠能不愧是有智慧的人，立刻講出一句令人喝采的話：

「迷時師度，悟了自度；度名雖一，用處不同。

惠能生在邊方，語音不正，蒙師傳法，今已得悟，只合自性自度。」

事實上，這也是教育上的基本原理，不論家教、學校、古代私塾或補習班都用得上。佛門一句口頭禪：「師父引進門，修行在個人。」不是同理嗎？

「西遊記」裡也有一段話令我動容，就是孫悟空大鬧天宮，被如來佛祖困在五行山下，逼著他悔過反省，當觀音菩薩路過去看他時，他才口吐真心話：

「人心生一念，天地盡皆知。善惡若無報，乾坤必有私。」

他總算被如來佛渡救了，但真正證到佛果，還要靠他自己去修持，於是，他幫忙唐僧度過八十一難，有始有終，才能功德圓滿。所以，孫悟空後來不是妖仙，而是得悟修成正果的菩薩了。

最難得的是，惠能到南方不做自了漢，在獵人隊苦了十五年，才千辛萬苦逃走，到南方弘法修行，不但自度，還在度人，實踐菩薩道，成就了禪宗第六祖。

許多佛經都記載阿闍世起先是一個標準大壞蛋，依世間法來說，他是罪大惡極，天人共憤。原因是，他殺了父親，又想殺母親，在緊急關頭，幸虧有善知識挺身出來接引，依據『涅槃經第十七、十八』所說，他在釋尊放出的「月愛三昧」的光明照射下，先醫好身病，接著，才由釋尊開示，之後他也恍然覺悟，只聽他很感慨、很激動地稟告釋尊：

「世尊，倘若以我的力量，能打破一切衆生的惡念。那麼，我也願意替代衆生，永遠承受地獄的痛苦，而毫無遺憾了。」

果然，他離開沙羅雙樹以後，徹底悔悟，開始推行善政，讓百姓安樂。因為他信受如來的教誨，一面對父母起了懺悔心，一面竭力做父母的好兒子，繼承父王的遺志，成為賢王了。佛入涅槃後，他也熱心弘法，在第一次經典結集裡，他成為大護法，出錢出力去供養和護持，所以，他得度後，也不是自了漢，以後的修行使他在佛教史上一直被人讚嘆。

在六祖惠能那句答話裡，流露出動人肺腑的感恩心、體貼心和菩提心。他自知出身獦獠，無知無識，而今有所成就，對五祖十分感謝，同時，他頗能體貼師父傳法的動機與苦心，後來，他也能劍及履及，利益衆生，完成自己與師父的宏願了。倘若做子女，當學生的年輕人，在父母與師長的苦心栽培下，有這番覺醒，不辜負自己，也算對得起培育自己的師父與父母了。

人世間也一樣，俗語說「救急不救窮」、「救一時不能救永遠」，最後要懂得自救方法，才是最根本的策略，凡事不能靠人一輩子。歷史上，韓信也只靠漂母救了一次，之後，全賴自己發憤圖強。學生不用功，老師怎樣教導他，也是枉然。子女不思飲食，父母怎樣逼迫也沒有用，一切要靠自己。

三十年前，台灣的政府和百姓都貧困，簡直一愁莫展，幸好美援來了，之後變成相對基金，意思是，自己要努力，美國才肯協助，國人懂得自救，美援停止，我們也逐漸穩定，繼續努力，才有今天的成就。反觀當時東南亞也有些國家得到美援，結果，今天照樣落後，或在原地踏步，根本不知自度的精義，當然也沒有資格度人了。

第二次大戰後的德國人和日本人也一樣，深知「自性自度」的道理，從一敗塗地中接受微薄的援助，幸能落實佛法的精進與忍辱，才有眼前的成就。近年來，自由世界紛紛布施錢財與食物給自由化後的俄國百姓，其實，這些只能解決燃眉之困，惟一的辦法要靠「自度」。只要有信心，像俄羅斯那樣優秀的民族是不難翻身。

有些人只想度過生死的大海，擺脫一切煩惱，到達幸福的彼岸，但又不肯信受正知正見，結果也是枉然。

『八十華嚴經如來出現品』所說：「無一衆生而不具有如來智慧，但以妄想顚倒執著而不得證。若離妄想，一切智、自然智、無礙智、則得現前。」最令人痛惜的，就是許多人不知自身懷有珍寶，可以完全不假外求，只要奉行佛戒，就不難獲得一切智、自然智和無礙智。換句話說，那些東西別人不會送前來，還得靠自己去拿哩。

我有一位師範時代的學長，小學教書時也跟我同校，他不僅相貌堂堂，身體健壯，而且能歌善舞，頗有人緣，很適合當小學教師。但是，他有極大的抱負，一直不想當老師。他的最大缺點是做事不切實際，懞懞懂懂，連自己的性格特長都不太清楚。教書二十年還是光棍，也沒有踏出教育界，更談不上有私蓄。

快到退休年齡時，在一次同學會上，許多老同學一面勸他要務實些，繼續教書快些結婚，他總是微笑點頭，沒有話說，似乎也承認同學們說得有道理，慚愧自己沒有魄力振作。最後要散會時，我很凝重地對他說：

「同學們都想幫忙你、改變你。你不要胡思亂想，天下惟一能救你，能幫忙你的人，只有你自己。」

同學們聽了都異口同聲說：「對啦，對啦。」

人要先有自救的意願，別人只能從旁提醒。不適合走的路，千萬不要企圖闖出去。自己擅長美術和音樂，必能做個好老師，何必念念不忘去經商呢？教育界和商場的作風性格不同，應該在學校發揮專長，結婚成家，適材適用，才是自度之道。

我在洛城認識一位老留學生，中英文極佳，也頗有口才。但從他的專長、個性和其他條件看，他很適合在教育界發展，可惜，他也偏愛做生意。由於他的各種條件不具備，商場上屢戰屢敗。

先向友人借錢經營漢堡店，做跨了又做冰淇淋店，十年後不但沒有賺錢，反而欠些債，其間，妻兒離他而去。我勸他別幹下去，不如在自己中英文的天地裡發揮，較有出頭機會。不料，他能言善道，總有一套理由，有時連朋友都辯不過他，但有時他也自知理屈，走錯了行業，但一談到改行，我們再三鼓勵他的中、英語文的確好，不妨往這方面研究。每到實行階段，他又藉故猶豫下來。

四、五年來，仍然不見他付諸行動，做生意也沒有資金，告貸也無門，眼看生活潦倒的樣子，友人都替他惋惜，每次勸誘，他好像都很懂道理，偏偏不見他主動去打聽消息，或有踏出一步的意思。這使我想起『六祖壇經』「般若品第二」的話：

「世人終日口念般若，不識自性般若，猶如說食不飽。口但說空，萬劫不得見性，終無有益。」

顯然，內心如果沒有堅定的信心，或真實的體悟，當然不會毅然採取行動，日子久了，恐怕將來的特長和專業也沒有了，那是多麼可惜。更值得一提的是——

我初中有一位同學姓李，家長當醫生，所以，他從小就想將來學爸爸幹同樣的行業，但是，當時要考醫學院談何容易？尤其，那位李同學的成績平平，記得大專聯考裡，醫學院放在甲組，必須考物理和化學、偏偏李同學的理科成績不好，無如，他想當醫生的意願太強了，當然，想考醫學院非用功不可，讀完高中，他的畢業成績也只是中上。

但他在大學聯考的報名表上，別說第一志願塡醫科，據說他除想讀醫科以外，其他都不想唸！他從國立醫學院開始塡，然後塡私立，最後聽說連中醫生也想去考……第一年大學聯考發表，沒考上醫科，乃是意料中的事。

之後，他開始到補習班惡補物理、化學和英文等，自認比較差的科目，上補習班也跟平時到學校上課一樣，沒有缺一堂課，每天戰戰兢兢。第二年的報考單上，跟去年所塡一樣，非醫科不讀。不料，成績放榜時，他又失望了。

接著，他報考中醫，結果一樣落空。休息兩個禮拜，他特地搬到台北市，進入比較著名的補習班，又開始晝夜苦讀了。到第三年大學考試放榜時，聽說他又落榜了。

這時，他的情緒很低落，眼看同學們讀別的科系都快畢業了，自己還在大學門外，因為他的身體非常矮小，兵役法規定，可以免當普通兵，只當國民兵可以。以後，我也搬到別的城鎮去，沒有跟他連絡，也沒有聽到他的消息，大約隔了三年，有一天，居然在新竹車站碰面了，只見他也穿著大學生制服，春風得意的樣子，我一眼望去，心想：「他一定考上國立醫學院了。」沒有等他開口，我就笑著對他說：

「恭喜你這個未來的神醫，畢業後想回去開業嗎？」

他聽了哈哈大笑，非常開心，但語氣卻不大對勁地反問我：

「喂、老劉，你別挖苦我好不好？到底你說什麼呀？」

暢談一陣後，始知他今年才考進一所私立大學，但不是讀醫學院，眼前是歷史系學生。我吃驚地問他怎麼現在才進大學？而且選讀歷史科呢？他幽幽地說：

「說來話長，以前的考試辛酸其實都是我自己找的，倒不是家人強迫。他們看我考了兩年，成績仍然差太多，為了不讓我受的打擊太大，勸我趕緊改念自己興趣那一行？反正家裡不愁吃不愁穿，會有財產留給我，無奈，我當時死心眼，也不自量力，更不顧真正的興趣，直考了五年醫科都不能如願。有一次，看見胡適之一篇文章上說：『別把文學院甲等人材，放進理學院當丙等人材，也別把工商學院甲等人材，放在文學院做丙等人材……』讀到這裡，我忽然覺悟自己果然錯了，而且錯得離譜，損失慘重，那就是身心、時光、金錢等，白白浪費五、六年，到了第六年大學聯考才填自己真正喜愛的歷史科，果然如願考上東海大學讀歷史了……。」

他這一悟以後，心情和人生觀改變很大。以後，我常常跟他保持連繫。知道他的成績優異，也打算在這方面深造發展。他這段前後變化，無異自性自度，先發現自我，認識自我，接著，完全過著自我的生活方式，日子很踏實，很寫意。其間，我們失去連絡很多年，我來美國前夕，聽說他早已到美國深造，而且正在自己那個天地活躍，我替他高興，也同時陷入很複雜的沈思裡：「人生的變化真大啊。」

總的來說：『法句經』有兩首偈應該信受：

「彼於戰場上，雖勝百萬人；未若克己者，戰士之最上。」（一〇三）

「能克制自己，過於勝他人。若有克己者，常行自節制。」（一〇四）

圓滿究竟——「不執著」

在洛城，許多中國家庭紛紛傳出悲劇，種類包括親子不和，夫妻爭吵和個人適應等問題。原因不一定在錢多少，或有多少學問，及學問高低，而是在新環境裡，面對數不盡的觀念差異，引起調適不調適的問題。不調適當然會有精神壓力與挫折感。這樣生活不可能快樂，嚴重時必會發生悲劇。那麽，爲何不能調適新環境呢？為何不能融合美國生活呢？依我看，觀念的執著也是原因之一。

許多想法在台灣是天經地義，而到了美國硬是行不通，有些甚至相反，難免讓新移民目瞪口呆，連呼：「老美豈有此理。」

例如，一位白人精神科醫生透露，他的病患裡有一位優秀的中國學生。病因是父母要他以中國傳統方式克盡孝道，對父母百依百從，而他自己卻要很辛苦地適應美國文化，只習慣禮貌與親切地對待父母，這樣，父母一直反對他在美國吸收的價值觀。另外，父母親想到自己辛苦攜帶子女來受教育，當然對子女的教育成績特別重視。不料，子女卻埋怨父母只看學校的好成績，而完全忽視自己的身心發展和社交生活。

另一個例子是，一位台灣某大學會計系畢業的楊君，一來美國就投入最尖端的推銷員工作，從賣房子、賣汽車，直到賣保險，八年後想改做本行，不料，不得其門而入。原因是，美國標準為離校五年，如果不幹本行，或不求進步，不論學士、碩士或博士等學歷，都沒有用啦，表示知識落伍。結果，他被迫淪為勞工，必須靠四肢謀生了。弄得夫妻吵架，自己也很苦惱。

其實，這兩例的標準答案，只要放棄執著即可。前者是父母不要執著士大夫心態，因為中國人講士農工商，從小學順利進中學、大學，直到博士讀完，進入大公司任職，以爲這輩子不愁衣食，功德圓滿；殊不知美國沒有鐵飯碗，終身職也靠不住，一旦被公司裁掉，書呆子沒有謀生能力，下場是，趕快去領失業救濟金。

所以，父母親要入境問俗，先破自己的執著。後者也一樣，妻子和自己也別以為台灣行得通，這裡也沒問題，其實完全相反，美國重視實力，參考文憑或資歷，只問會不會做，而不太管出身學校。

不說中、美兩地環境不同，想法等各方面差別懸殊，近年來，國人的觀念和做法也很有彈性了。例如單身貴族、卡拉OK、六合彩等新玩意，也讓長輩們看不順眼，連聲嘆息：「這個年頭變啦！」懊悔自己生不逢辰，趕不上時代。然而，開會的爭吵和肢體動作，正是執著引起的明顯症狀。一方愛執利益、觀念和地位，一方堅決反對，才會爆發熱鬧的場面，貽笑國內外。

俗語說，長江後浪推前浪，一代新人換舊人。世界的新思想和新觀念，藉著資訊發達，可由許多管道進入國內，而不是靠立法、訓詞和口號可以阻擋。不如放棄愛執，因勢利導，彼此尊重，好好商談，才是善策。

例如幾年前，某人私自去大陸，返台後會被警總請去。沒隔多久，成千上萬人不但擁向大陸，反而連警總自身也難保，無常衝破執著，倘若袞袞諸公仍在執著昔日的政策，僵硬地奉行，結果一定自討沒趣。再因百姓的教育水準提高，早有極佳的批判力，是否執著或無理的話，一聽便懂，誰若自圓其說，一大堆妄見，只會反證自欺欺人，很不長進。

到底什麼是執著呢？就字義上說，凡是固執事物，持有一種不捨不離的心，即是執著心；凡是固執自己的心，至死也不放棄自己的見解，則是一種執見或妄見，說得難聽些，正是老頑固。佛教裡，執著也稱為迷執，或計著。人的執著心很要不得，害人不淺，很可笑亦可恨，佛經上有許多例子，指出執著的結局都是如此。

『大智度論第九』一段話，可以看出執著可笑。那是一位智者要給一個蠢漢解說月亮，特地用手指指向月亮，不料，對方只注視手指，對於最要緊的月亮，反而置之不顧，看也不看一眼。

此時，智者邊笑邊說：

「你不要看我的手指，因為手指乃表示月亮的地方，你應該根據指示的方向，瞧瞧天空的月亮才對。」

蠢漢才明白原來如此。世上的語言，與實況的關係，也跟這個一樣，聖人雖無法用各種語言，把奧妙難懂的意境講透徹，但透過世間的真理，也可為凡夫俗子覓得真正清淨地。言語不能完全詮釋，或代表「實相」，但，它是一條通往真理——即實相的必經橋樑，過了橋，達到目的，就不需再執著「橋樑」，如同由指見月，既已見月，何需執滯於手指呢？

再如『百喻經第一』也有一則笑話——一個外道誇耀自己通曉占星術，為了證明自己的本事，他要出國旅行時，抱著孩子痛哭。別人問他為什麼？外道很悲哀地表示：

「這個孩子命中註定十天內該死。我很同情他，才忍不住傷心哭泣。」

旁人聽了覺得奇怪，只有安慰他：

「人命的存在，誰也不知曉，你說這個孩子十天內會死，其實沒有人知道，你又何必哭呢？」

外道聽了暫時不哭，但很有信心地回答：

「縱使日月無光，星辰墜地，我的預言也絕對錯不了。」

外道熱衷名利，執著己見，到了第七天，他終於殺死親生兒子，證明自己的預言不虛。執著是很危險又愚蠢的心態，偏偏當局者迷，才惹出無數人間的是非。

還有那則膾炙人口，瞎子摸象的故事，也來自『佛說義足經，鏡面王經』。意指瞎子以偏概全，執著心重，所得的結論，當然不是事實。所以，執著妄見，絕對不是智慧，也不可能產生真理。只有「破我執，合衆謀，事便成」。

自古以來，國人都有些忌諱，執著某日是良辰吉日，而某日不適合迎親送舊，美國人也把星期五、十三這個數字看成凶日，積非成是。只有虛堂禪師主張：

「年年是好年，日日是好日。」

因為人在一生裡，只要全力以赴，無所拘執，實事求是，坦然面對現實，何必有什麼雜念？

美國的校園裡，不但老師評價學生成績，學期結束，學生對每門課的老師也有評分表，旨在讓老師了解教學的優缺點，承認尺有所短，寸有所長，大家一齊改進，而絕非諷刺師道尊嚴。中國人習慣自掃門前雪，而美國人的作風剛好相反。

例如，自己懶得剪修庭院草皮，鄰居會抗議，理由是妨礙他們的房屋跌價；中國人看見貓狗憎厭，可能踢牠一腳，美國人看了會報警，說你虐待動物，依中國人看來，洋人多管閒事，而他們卻認為秉公執正，維護公理，是義不容辭的事。

一位法國旅行家——阿勒克西•托克威爾旅行美國一趟後，很感性地說：

「美國人把社會看做一個逐步改良的組織，人類處於一變再變的境地，什麼事也不該墨守成規，僵持不變，今天看來是美好的一切，可能會讓明天更美好的一切取代了。」

意思是破執著，要進取。

學佛目的也是如此。三藏十二部，無非教人怎樣破執著，執著不破是凡夫，因為迷惑於假相，一輩子也休想成佛果。為人處事何嘗不然，如果囿於我見，豈能虛心接納客觀的反對觀點？結果，當然不能了解全盤真相了。

記得日本「八佰伴集團」的企業鉅子——和田一夫，熱愛一首家喻戶曉的民謠，歌詞是：

「男子漢，降臨人間，就是一條光棍；死的時候，也是一條光棍；活在世上喲，得幹一番事業……。」有了這種念頭，人就無所畏懼，他本來就從零起步，至多再回到零的起跑線上而已。

我想，人既然無所畏懼，也當然不會執著，心境坦然時，還有什麼事做不成呢？

『成唯識論卷八』指出迷悟有五種法相，其中兩種是，執著相與不執著相，那麼，學佛的人，怎可不警惕自己，小心陷入執著相裡，免得一輩子站在佛門外。

學佛懂「正見」

中國章回小說裡，不外人物情節的描述，其中都有好人跟壞人打鬥，正義與邪惡交戰，最後，都是好人贏了，正義勝利。所以，給讀者的印象是，「邪不勝正」，壞人終究被消滅……。事實上，人類的文明史也是這樣，光明總會掃盡黑暗，即使暫時被黑暗矇蔽，也只是剎那的不幸。

否則，人類的歷史，不是成了一部黑暗悲慘的記錄？那會有今天的文明進步呢？難怪孫立人將軍逝世前不久，也語重心長吐露：「世上還是好人比較多……。」

我姑且以正見代表好人和正義，邪見代表壞人與邪惡。歷史上，的確好人多，正義勝利的時期長，但也不能低估壞人與邪惡的存在勢力，和它們給人類帶來的災害。古今中外都一樣，讀歷史時不難明白這一點。那時，世人只能哀嘆生不逢辰，自認倒大楣。遠的不說，兩次世界大戰，或大陸文革時代，不是邪惡猖獗，壞人當道嗎？死傷多少生靈，什麼正見也被掃盡，哀鴻遍野，可憐的衆生！

依佛教來說，正見是八正道之首，十善之一，也是邪見的對稱，它遠離「五種不正見」。簡單的定義是，如實知見，懂得諸行無常、因果業報等佛教的真理。學佛目的，在尋求解脫，證悟生死，而「正見」也是到達這個境界的途徑之一，可讓我們直窺最終實相的最高智慧。在戒定慧三學裡，正見屬於慧學。

就廣義上說，凡被佛教認定的道理，都屬於正見。依照『大毗婆沙論卷九十七』上說，正見可分成二種：㈠是有漏正見，也是俗稱的正見，凡是與意識相應的有漏善慧，像有漏有取，才轉向善趣，招致未來可喜所欲求的結果。㈡是無漏正見，也叫做出世正見，即盡無生智所不攝的意識相應善慧，例如有學八智，無學正見等。

最容易令人誤解的是，某人某某大學畢業，或從某國外大學得到博士學位，就被認為他有正見，說話一定正確，其實未必。因為他只得到一大堆記憶，單純的知識，對某項問題有些研究而已。說得更詳盡些，他只知事物名稱、標誌和表相，未必真懂得實相。那麼，人要獲得正見，只有先洗盡內心的一切雜質，經由禪定鍛鍊，讓自己除去有色眼光，才能看準世間的人、事、物和道理，然後，才可稱為正知正見，而不是妄知邪見。

古印度時代也跟眼前一樣，邪見和妄念到處皆是，而有正見的人不多。勿寧說，世人都懵懵懂懂過日子。倒因為果，不知業報。所以，釋尊才一輩子忙碌，到各地弘揚正見，也遇到不少辛苦挑戰。這些事實在佛經上記載太多了。

例如『法句譬喻經第一』有一段記錄正是史實的真相。

大意是：一位母后生病，國王召請天下名醫診治，都沒有見效。一天，國王邀請二百多位婆羅門到宮裡，請教對策。不料，他們說是星座混亂，陰陽不調引起的病因。對策是，建造祭壇，殺死一百條不同畜生，和一個小孩來祭天，連國王夫婦都要親臨祭拜。

國王果然答應了，立刻分頭去找尋象、牛、馬等畜生，和善良的孩童。釋尊洞悉此事，為了拯救這群生靈，也率領一群弟子匆匆趕來，剛好碰見國王和婆羅門。

對方乍見佛陀的光明與莊嚴法相，非常感動。國王據實稟告，母后長年患病，曾向諸神祈願，也請過群醫治療都無效，如今正要用一種新方法。釋尊同情國王的無知，同時教誨國王和一群婆羅門說：

「若想五穀豐收，就要培植耕作。若要成巨富，就得廣行布施。若想延年益壽，就要大發慈悲行。若想有智慧，就要研究實踐。諸天住在七寶宮殿，豐衣足食，何需跑來食用你們供奉的粗糙飲食？你們誠心祭天，反而妄殺生靈，為了延年壽命，與其屠殺，祭拜諸神，不如做善事……。」

從這段故事裡，不難看出婆羅門的主張，純粹是邪見妄執，而釋尊那番話才是正見，指出因果善惡，醫病也要循正常途徑才對，豈能盲從妄語，害人害己？

不明佛理的人會懷疑，某甲信佛多年，為何做生意不賺反賠呢？這不是正見，因為生意屬於商場起伏，景氣與否？和產品好壞如何？不能怪罪佛教。有人責問，某乙是佛教徒，卻短命死去，怎麼得不到佛菩薩保祐加被？這也不是正見，因為人生長短，涉及許多因素，例如生病不去看醫生，平常不運動，飲食不衛生……怎能由佛菩薩負責呢？

佛教的特質，包括緣起觀、四聖諦、諸法無常、諸行無我等，正見即是如實明瞭這些內容理念。在現實生活裡，肯定中道的生活態度，既不浪費，也不折磨自己。修習正見時，不要盲信邪說，應該尊重理智，憑自己的經驗判斷是非。平常要多聞佛法，親近善知識、實踐佛的教誡，才能領悟正見的真諦。

老實說，學校裡學不到正見，只是記憶些粗淺知識，學些普通道理。尤其，今天升學主義掛帥，從中學開始，就分成普通班、實驗班或特優班。整天啃書死背，直到考上大學。但進了大學，也未必懂得研究分析，和自我肯定，在這樣的學制下，怎能得到正見呢？難怪有人嘆說，學校讀書不能得到健康身體，因為幾乎人人都戴近視眼鏡；也沒有學到健康精神，因為學園的吸毒和犯規，愈來愈嚴重。

結果，升學制度下的產物——有些大學教授一旦執業行政主管，就會貪汚枉法；有些學者專家一旦操持大權，就剛愎偏執，試問這些當年聯考考出來的優秀生有什麼正見呢？說真的，現代讀書跟正見培育的關係太薄弱了。

佛教的經濟生活與錢財觀念

一位僑居南美洲十幾年的吳太太，思鄉心切，念念不忘回國探望，一旦如願回到國內，只待一個多月，回南美後表示：「我再也不想回國了，台灣一切都變了樣……。」言下失望極矣。我暗笑她對事物太執著，世事無常，十年前的環境或想法，那能保持原狀呢？這回輪到我踏上闊別九年的故居，前後住了將近三個月，探親訪友，不在話下。其間，我也發覺情狀不妙，勿寧說，我吃了一驚，不僅硬體建設，進步迅速，連國人的價值觀念也改變很大，簡直讓人搖頭，我才體諒南美洲那位吳太太的失望與無奈，不是沒有道理。

雖然，台灣的外匯存底接近一千億美元的巨額，儼然世界的首富，想像得到百姓都腰纏萬貫，生活早已超過溫飽程度，居住也能夠美侖美奐，照理說，其他方面的進步也能並駕齊驅，成為世人豔羨的地方。事實上，當我走過許多大街小巷，所見所聞，卻發現台灣不那麼可愛。親友們見面，自然客氣一番，老友相聚，也會熱鬧一陣。從大家的談話裡，簡直有志一同，只關心你我買了幾棟房子？購了幾塊地皮？比賽有多少財產？除了對錢財不動產有興趣，就是今天上那家館子？明天去吃些什麼？彷彿人生活著，純粹為賺錢置產和吃喝玩樂，而不懂得有其他目標也值得關心與探討，這是暴發戶的心態。

事實證明台灣歷經四十年的勤勞努力，直到最近六、七年，隨著美元貶值，才充分享受到富裕生活，彷彿世間的大富長者，可惜卻在不知不覺裡淪為精神和文化的窮漢了。在先進國家，政府似乎不獎勵百姓只知炒地皮，或把大筆錢存在銀行坐吃利息，這不是工商報國、造福社會的作風。然而，國人好像對財富特別愛著，只想增加財產數字，多多益善，也不想想自己有生之年有無福報？留太多財產給子孫有無弊病呢？

相反地，很少聽說某某富人布施多少給慈善機構？捐贈什麼給私立大學？或籌建那些私人圖書館、音樂廳及美術館：完全不懂得花錢在文化創造、人生信仰和生活品質的提昇。結果，國人只是物質上的富人，反而成為精神上的窮人，因為生活在貪婪島上的人，都得有福同享，有恥（貪婪之島上的譏笑）同當，難能置身事外。

說真的，現代世界的潮流，除了力求溫飽，還要有高尚的精神生活，儘量提昇文化水準，才是可敬佩的文化人。現代文化人除了懂得賺錢，還要更懂得用錢，到底該把錢花在那裡？人生該做那些事？不是說人不該享樂，而是要不斷提昇境界，追求圓滿。不能口袋裡有錢，滿嘴還在嚼著檳榔，這樣豈是有體面、有榮譽的中國人嗎？

也許有人誤解佛教的出家衆，既不講求衣飾，也不在乎飲食，開口閉口談戒律，時時勸人修持、不貪不取，好像佛教嫌惡有錢的日子？以為錢多是罪惡……。這種想法不對，事實上，早在佛陀時代就很重視經濟生活與錢財應用的問題了。

「巴利藏長部第二十六經」裡，指出貧窮是一切不義與罪行的根源。諸如偷竊、妄語、暴行、憎恚、殘酷等，都從貧困裡出來。人民要有足夠的金錢收入，才會心滿意足，不會憂慮，沒有罪行。所以，佛告訴在家衆，改進經濟狀況非常重要。但是，佛陀不贊成屯積財富，貪求和執著。這樣會根本違背佛教的教義。

一個叫做長生的人，一次特地請教佛陀有關家庭生活的快樂是什麼？佛陀回答有四種方法，其中的第四種是，用錢必須要合理，與收入成比例，千萬不能靡費，也不可吝嗇。換句話說，不可貪心去積聚財富，也不要奢侈揮霍，一切要量入為出。

「增支部經」第三集裡也有一段話，佛陀曾經談到用錢與儲蓄的細則。例如佛陀教示善生童子，應當以自己收入的四分之一做日常費用，用一半來投資事業，再把四分之一儲存，以備急需。這是多麼實際而有人情味的教誡。

有一次，佛陀告訴自己一位最忠誠的在家弟子，也就是舍衛國捐贈祇園精舍的大富長者——給孤獨說：「那些過普通生活的信徒，也有四種樂趣。第一是，能夠享受正當方法獲得的足夠財富，和經濟上的安全感。第二是，能夠慷慨運用這筆財富在自己身上，也能順便照顧到家人與親友，並且做各種善行。第三是，無負債的苦惱。第四是，可度清淨無過而不造身口意三項惡業的生活。」

可見在這四項教示裡，經濟方面佔有三項。不過，佛陀最後又提醒那位巨富，物質與經濟方面的樂趣，遠不如善良與無過失生活所帶來的精神樂趣。

由上述的例子看來，佛陀很贊成經濟的福利，也會增進人生的樂趣，但是，不承認沒有精神與道德基礎的生活方式。佛教固然鼓勵物質方面的發展，但重心始終放在精神與文化道德的開展方面，這樣才能建設快樂和平的環境，而不致於成為貪婪髒亂的社會。

總之，佛教不認為舒適的物質生活，就是人生的目的。它只是達到一個更崇高目的的條件，也說這項條件是少不了的。同時，若想要人類生活幸福，達到更高層次的目標，不能少了這個條件。這項開示在「巴利文學會版中部經覺音疏第一集」裡談得一清二楚。

那麼，佛教所說的真正富裕是什麼呢？怎樣才是理想的富人生活呢？依我看，『佛說須賴經』的內涵，正足以勾劃出一幅美滿的人生情景，當做眼前國人的指標。故事不但蠻有趣，也充滿智慧性的警惕，值得我們永遠記住與實踐。

因為原文較長，不便詳述，我只提其中一段精彩的對話。且說一位善行者叫做須賴，他雖然赤貧如洗，卻肯腳踏實地在佛道上大步邁進。一天，他去見波斯匿王說：

「我在舍衛城邊走邊誦經，意外地撿到一顆黃金寶珠。我想將它布施給全國最窮困的人，才到處查詢。如今，我終於找到大王才是全國最窮困的人，希望您收下。」

國王詫異地問他：「你說我跟你一樣貧窮嗎？」

須賴說：「大王比我更窮。」

「我的錢財多得到處皆是，怎會比你窮呢？」

在衆目睽睽下，待須賴解釋理由以後，又為國王唱出一偈：

「如果晝夜不分，只知貪婪財富，
在現世會使五體受害，
來生也會身體燒痛。
總想確保長生，不信來世的報應，
只知貪求不止，才是最窮困的人。
要經常懷著愛心，
待人接物要謙虛，
遠離色欲親近賢人，
才是真正的智者。
在安逸中忘記危機，
只愛貪錢萬財，
來生的惡果就在眼前，
死了會後悔莫及。
就像烈火燃燒草木，

貪火也在猛烈地燃燒，
它終究有熄滅的時候，
富貴則變成天空的浮雲。」

國王聽了不禁責備他：

「天下有誰能證明我貧你富的情形呢？誰都知道你一貧如洗，十足的窮光蛋。」

最後，須賴恭請世尊來作證了。且聽佛陀的教示：

「須賴說的句句實話，大王心目中的富裕，包括金、銀、寶石和宮殿，全屬於物質上的財富，而這些都不是真正的財富，須賴所說的財富，係指布施、持戒、忍耐、精進、禪定和智慧等。這些全是精進上的財富。大王的富裕，跟須賴的富裕，不能等價齊觀。凡以物質為生的財富與富貴，無異天空的浮雲，而精神的財富，垂手可得，也不像浮雲般飄忽不定。」

那些日夜上卡拉OK，又忙著炒地皮的人，豈不是聽到了最寶貴的教訓？錢財雖為身外物，但也要懂得如何用在有價値和有意義方面。

誠如佛光山的星雲大師說：「若儘管賺錢存錢，不知修福，不知供養，再多錢又有什麼益處？無常來臨，大限一到，誰也是赤手空拳離開人間，留下龐大家產，不是被充公，就是令子女爭吵，不是枉費一生辛苦？」

這不正是貪婪與迷財者的暮鼓晨鐘嗎？

真慈悲與真平等

說真的，我在台灣很少碰見不同信仰的人，會為自己的信仰有過劇烈的爭辯。習慣上，中國人好像不怎麼熱心堅持信仰的重要，不覺得生活上非有自己的信仰不可。相反地，在歐美社會裡，一般人若聽到對方沒有固定信仰，都會感到奇怪地問：怎麼會忘了人生最重要的精神寄託呢？難道人活著沒有永恆與高尚的目標值得追求嗎？平心而論，外國人在這方面的執著比較正確。人類除了是經濟動物，也無疑是文化和宗教的動物。人活著一輩子，應該要把信仰落實在生活上面才對。可惜，有些地區和民族的宗教信仰，心態太過僵硬，胸量狹窄；這也許出在他們教義上的偏頗，導致信仰意識的偏激和極端，才會把不同信仰的人看成異端，千方百計要對方跟著自己走，迫使他們成為自己的教友；否則，不惜毀掉對方。

每當我看見萬國旗幟裡，飄揚一面國旗，上面是一把尖刀和他們的宗教經典，就忍不住嘆息：「何必用尖刀宣揚自己的教義呢？若真是神聖的真理，何必用這種方式呢？這樣對待異教徒，未免太殘忍了……。」

剛巧前幾天，我赫然從報上看見一個醒目的標題，字數簡短，含義卻極端諷刺，讓人看了扼腕。那幾個字是：「冤冤相報，了無止期，回教徒展開報復，兩名猶太人遇害。」看到這裡，我才警覺世界上戰亂和糾紛最頻仍的中東地區，根本原因似乎不在政治意識或石油資源的爭執，毋寧說，信仰的差異也是禍害之首。我納悶，信仰應是莊嚴神聖、完全是個人的私事，也不涉及財產、情感和利害，為什麼會導致彼此結怨，雙方水火不融，成天仇殺不停呢?他們嘴裡都喊著:「神愛世人，普及博愛。」口口聲聲要善待敵人，強調自己的教理有多好;結果是醜態百出，不知話從何說起?難道他們信仰的不是真理?也在實際上行不通?還是內容不夠圓融呢?我有一連串的疑問。

我自認略知佛法，也是佛教徒，對天主教、基督教、回教和其他宗教的教理沒有多少研究，談不上心得，也很少與他人爭辯信仰問題;而且，住在台灣時，到底是因為身處在佛教氣氛濃厚的環境，比較容易接觸佛友，也比較不關心外教的耶穌基督和阿拉等各方神聖。不料，移居美國以後，情況改變極大。宗教氣息與環境一百八十度改變。佛友難得見到，反而常常看到星期天熱衷上教堂的異教徒。拜訪朋友時，也發現他們客廳掛的是耶穌，或聖母瑪利亞像。桌上放的是聖經，或其他宗教的教義，總之，異教徒的影子無所不在。

在信仰意識與宗教認知上，難免使雙方有一點兒彆扭，似敵非敵，似友非友。好長一陣子，我一直困擾，不知該如何給外道定位?佛教徒到底要怎樣對待異教徒呢?嘲笑或同情?勸導還是拒絕來往呢?於是，我開始不停地思索這個問題。

上天不負有心人，答案慢慢揭曉了。這個答案是十分肯定，也很正確，更有明確的歷史資料可尋。尤其，當我發現答案的歷史真相時，忍不住出聲讚嘆，充滿了感動和感激，慶幸自己的信仰之路還不致於偏離太遠，因為看到佛法所謂的慈悲與平等，範疇多麼浩瀚，佛陀的心量多麼坦蕩，見地多麼正確，在在證明佛法的圓融，佛陀當真為普天下真理的發現者。那就是佛教徒應該劍及履及的「四無量心」。因為佛菩薩為了普度無量衆生，令他們離苦得樂，必須具備這四種精神。『中阿含』卷二十一說處經，『大智度論』卷二十所列舉的阿毗曇說，都對四無量心作了很清楚的解釋。

歷史上，佛教徒對異教徒的態度，當真在實踐平等大悲，真正以普遍與平等無差別的大悲心，憐憫天下的一切衆生，這是佛教的智慧。在人類文化史上最值得歌頌。從這個體認裡，我才慢慢抓住答案的核心，對異教徒的感情有了調整，也知道以後應該怎樣對待他們，甚至怎樣禮遇他們的教主了。

且說某日黃昏，陰霾欲雨，一位佛友來訪，也偶然透露：「我搬去新居時，牆上還掛有原主人留下的耶穌像，我把它拆下來，小心翼翼地放在桌上。孩子提議：『我們不信基督教，何不把它丟進垃圾箱？』我立刻給孩子解答：『耶穌也是一位聖人，因為他也能夠影響好幾億人，勸信徒做好人好事，我們應該尊敬他。』」這位佛友的話，頗有道理。其實，同樣的，聖母瑪利亞和回教的穆罕默德也是了不起。

去年，我看完正在北加州弘法，到處勸人念佛的林鈺堂居士一本書——『勸念佛』，發現他對耶穌的地位有獨到的見解，也不失持平之論。於是，我又進一步清晰地認清外教的性質，面對異教徒或異教的書，也不會有什麼怪怪的感覺，心情上總算穩定與平衡一些。

原來，林居士師承密宗的陳健民上師，而陳上師也是一位既有實修，又有證德的三寶弟子。他曾在印度閉關長達廿五年。在歷史上是罕見的例子。他說自己曾住在印度一所教堂改建的房子，牆上留下耶穌像。有一次，遇到房租要上漲的困擾，迫使他向耶穌祈禱求援。果然，當晚那位房東基督徒也夢見耶穌現身暗示，才不漲他的房租。因為陳上師是極有實修的人，故他那番經驗不是普通人能夠理解的。

另外，林居士自己也夢見過耶穌，他相信耶穌是觀音的化身，他還說聖經的譬喻經和佛法的百喻經十分相近。總之，他們師徒對耶穌的觀點，跟上述那位佛友的吐露相同。我對於陳上師的經驗不置可否，持保留的態度。不過，我完全同意：學佛沒有學好，也不肯實踐佛法的佛教徒，絕對比不上一個虔誠的基督徒：至少後者能以博愛對人，實踐好人好事，儼然正義的君子。那麼，不實踐佛法的人，那有資格批評他呢？前日看到美國的民意調查，指出聖經對他們的影響力最大，遙遙領先其他書籍。光憑這一點，這位外教教主也不失為聖賢，值得尊敬了。這樣定位更讓我的心情輕鬆多了。

林居士還強調，基督教裡沒有打坐，只有祈禱，旨在強調人的信心、愛心和做好事。所以，耶穌昇欲界天，而色界天、無色界卻是入定以後的境界，若非有極大的定力和極高的造詣是進不去的，這是他的獨到與精闢的見解。

一位信仰一貫道的同鄉，不辭辛苦，經常到舍下暢談自己信仰的義理，和敬拜的本尊。其實，那些教義幾乎都出自大學和中庸，膜拜的御本尊也只是歷史上的英雄，他們的教理談不上深妙。儘管如此，看他待人忠厚，平時默默實踐若干佛教的德目——忍辱與布施，也不邪淫、不飲酒和不撒謊，多少也行持幾項戒律的精神。所以，我也很樂意與他為友。

我還有一位朋友兼鄰居，正是日蓮宗的「講員」。有人譏諷日蓮宗不是純粹的正信佛教，不過，他也樂施好善，服務公事從來不後人，也從不要求任何報酬。於是，我也能友善地與他相交，推心置腹。一有機會就向他解說正信的佛法，讓他能平心比較自己的信仰，別把觀世音菩薩易位，去膜拜另一位御本尊，希望他在有生之年能做一番理智的選擇。因為我知道從佛陀初轉法輪開始，從來不強人所難，威脅利誘，要人來崇拜或歸依他。相反地，佛陀只會勸人不妨多多考慮，再做理智的決定。

寫到此，我想起法鼓山的聖嚴法師說過：「佛教不是獨斷信仰的宗教，不否定異教徒應有的價值……佛教對一切異教的經典書籍，除了武斷、迷信和不合情理部份以外，也都會給予應有的肯定價值。」「依照佛教的尺度衡量，除了佛教以外的一切宗教，都屬於人天的範圍，能為人天的善業而努力，當然不能看做罪人了。」

這是很中肯又頗合情理的判斷。

從佛教史裡，我知道佛教對異教一直懷有寬容理解的精神和態度，這可以說是佛教文化最輝煌的部份。在兩千多年的佛教史上，絕對找不到佛教迫害異教的例子，也看不到佛教報復異教的事實。佛教不曾為了弘法而流過一滴血。可惜，有些武俠小說偶而出現出家人用武功暴力，或不正當的藉口逼人信佛，殊不知那絕對與佛陀的教誡相違背，也違反佛法的基本精神，更非正信佛教徒的做法。那些純粹出自小說作者的胡扯，也可能是歹徒存心不良要毀謗佛教，侮辱佛法。

有一段感人的記載，出自巴利語『中部經第五十六優婆離經』，從那裡可見佛法的真正慈悲與寬容，也可以證明佛教徒善待異教徒不是吹噓的。佛教徒不但不會強人所難，或落井下石，反而能夠和藹待人，當真可令讀者動容。且說那爛陀城裡，住著一位頗負衆望，又很富裕的居士，名字叫優婆離。他是耆那教主——尼乾若提子（摩訶毗羅）的在家弟子。

一天，摩訶毗羅派遣優婆離去迎接佛陀，準備和佛陀辯論業報方面的問題，想趁機駁倒佛陀，因為摩訶毗羅對這個問題跟佛陀的觀點不同。不料，辯論的結果，優婆離認淸佛陀的觀點正確，反而看出自己老師的看法錯誤。於是，他毫不猶豫地央求佛陀收下他做一位在家弟子。誰知佛陀卻很誠懇地勸他不必急於下決定，不妨再愼重考慮一番。只聽佛陀溫和地說：「像你這樣有名望的人，一定要愼重考慮才好。」當優婆離苦苦哀求，表示自己堅決的意願時，佛陀仍然要他繼續恭敬，和供養他以前的師父們，一如往昔。

這不是很坦蕩的肚量、很高貴的寬容嗎？

還有一段歷史記載，也頗能襯托出佛教徒對待異教徒一視同仁，真正實踐同體與大悲。那是阿育王石誥第十二篇的重要史實，的確會讓三寶弟子衷心感佩，並且深深慶幸。因為紀元前三世紀左右，印度的佛教大帝——阿育王，果然很遵從佛陀寬容與諒解的風範，不但不排斥自己廣大領土內的所有異教，反而一直恭敬地供養他們。這一點可從他雕刻在岩石上的許多誥文裡看出來。其中有一則到目前仍保留著，裡面有一段阿育王的話：

「不可以只尊重自己的宗教，而非薄別人的宗教。你們應該合理地尊重其他宗教。這樣做，不但能幫助自己宗教的成長，也算對別的宗教盡了義務。反過來做，則不但會替自己的宗教掘了墳墓，也會傷害到別的宗教。凡是尊重自己的宗教，而非難其他宗教的人，當然是為了忠於自己的信仰，以為『我將光大自己的教』。其實剛好相反，他會更嚴重地傷害到自己的宗教。因此，你們應該和睦相待。大家都要諦聽，而且要心甘情願地諦聽其他宗教的教義才好。」真是了不起的胸襟，了不起的慈悲與平等風範，更是了不起的護法者，不愧是傳承慧命的前驅者。

今年的年初，我走訪基隆附近某間佛教寺廟時，目睹他們正在籌備世界宗教圖書館：除了佛教典籍，還忙著出國搜集其他宗教的重要書刊。我欣然見到正信的佛教徒，正在展現佛教兼容並蓄的精神，實踐佛法的精義——真慈悲與真平等，可喜可賀。

一位佛教徒的文化觀

平常大家誇耀「台灣錢淹腳目」，殊不知部份縣市、每人每年的文化預算，僅有台幣廿餘元。另外，從行政院「國民休閒生活調查」資料裡，發現國人餘暇肯進修的人口，不到一成，其中還含蓋「升學補習」的學生人數，誰都知道台灣學生幾乎沒有不補習，而且從幼稚園開始，就被迫去補習。誠如一位台灣來的學生嘆息：「只要叫得出來的科目，不愁沒有人來補習。」台灣堪稱補習王國（日本、韓國也一樣），當之無愧。至於社會人士能夠自動進修、充實學識，當然也是不多，因為國人對於文化生活的觀念太淡薄了。

不久前，一位日本觀光客在洛城向我幽了一默：「我到台灣各地觀光，發現連鄉村每家每戶都有日本廠家的最新產品，但是，你們台灣人不會造，只會買……。」此外，美國市場對全世界自由開放，其中，恐怕以車輛進口最多，所以，全世界的車牌都能在美國找到，有本事的車廠都可以來美國自由競爭，一較高下，連韓國車都能進來，卻不見台灣車的蹤影。

顯然，這是國人沒有自造車輛的技術，缺乏造車的一切科技，也就是車輛文明尚在搖籃時代，這個苛薄的事實，不能靠雄辯來掩飾。與其要解釋原因，不如默默去埋頭研究，以踏實的根本文化力量推動高度之文明，才是「無聲」勝「有聲」的最好說明。

在中外佛教史上，我們發現寺廟不僅是宗教中心，能提供信徒焚香禮佛，淨化心靈，而且，也是學術與文化所在，高僧大德喜歡在寺廟引經據典，暢談佛理。例如，唐玄奘到印度的那爛陀寺，向戒賢長老學習「瑜伽師地論」，那裡真是臥龍藏虎，人才齊集。在中國歷史上，也不乏騷人墨客，到古剎跟高僧談經論典，例如，蘇東坡訪江州東林禪院的常總禪師，彼此互論心得傑作，至今仍然膾炙人口。今天，學佛的人不該止於到廟裡參禪禮佛，或焚香膜拜，何妨深入經藏，去發掘有那些資源可供現代人做文化營養？例如緣與社會族群，識與應用心理，因果和犯罪問題，更有無窮盡的佛教文化值得開採和應用。到目前為止，關於佛教民俗、雕刻、建築、美術、文學、庭園、童話和音樂等，國內的專業研究還不多見。

記憶裡，有人說文化屬於精神領域，只有衣食足，才有閒情逸趣來欣賞。環視世界進化的潮流，文化恐怕早已跨越精神領域，而成為物質生活的一部份了。何況，國人早已豐衣足食，若還不在文化上迎頭趕上，至少也要心中有夢，逐夢踏實，豈可日趨荒蕪？說真的，「台灣經驗」裡，似乎沒有太多文化成就，至少國人並不因有台灣經驗，而被尊敬為有尊嚴、有教養的文化人。誠如李總統說：「現在大家都有錢……腦子和家裡卻都亂七八糟，文化素養在那裡？」雖然不是百分之百事實，不過，也是值得警惕的話。

眼前，國內許多寺廟紛紛迎合社會潮流，採用工商的運作與經營，而擁有自己的事業，甚至參與社會的良性活動。觀念上，也不宜全力放在西方淨土的追求，應該憑自己的努力，照様可把眼前之所在，美侖美奐成極樂世界。據悉目前西歐若干先進社會，正在呈現『阿彌陀佛經』所描述的情狀，儼然成為廿一世紀的人間淨土了。

文化空間可以無限擴大，而國內寺廟可以扮演的角色愈來愈重要。因為社會進程還有許多文化活動，可由佛教團體或寺廟來舉辦、支援和領導。在歐美先進國家，教會所以被人敬重，無疑也有它積極表現出來的文化成果，而不單單提供信徒們進教堂做禮拜。

但願台灣寺廟有一天，不僅是佛教中心或慈善機構，也是文化和學術重鎮，大家拭目以待。有人讚嘆佛教好像一座文化寶庫，讓人類取之不盡、用之不竭，而佛教傳入中國也有相當時日，歷史上的高僧大德，受到朝廷禮遇，和民間敬仰的，不計其數，因為他們不是只會叮叮噹噹替人超渡；反之，他們滿腹經論，和受佛教薰陶出來的風範，正是一種文化素養的楷模。

佛教徒都該熟悉『華嚴經入法界品』那位熱心求法的善財童子，用現代的話說，他仰慕學有專精的大德，和追求佛教文化的熱忱，正是佛教徒渴求文化生活的代表，我們豈可以平常心看待他？

時代不斷進展，文化內容也日新月異，能否跟上時代，或能否有資格做現代人，全看文化條件來評估，雖然經濟厚實是一種力量之來源、文化之體質亦然重要，人人都想入寶山而居，不論是指物質、抑或精神。試想居於濯濯之童山如何？如此之理豈不明矣。

這不是弱肉強食嗎？

三十多年前，我幾乎是一個天主教徒，原因是，我一直跟一位天主教神父很友好，他屢次主動向我解釋天主存在的證據，我始終半信半疑，以致沒有受洗。記憶中，我曾經問他：「神父不吃素，為什麼喜歡肉食呢？」

他坦然回答：「肉食有營養，吃了有益健康，當然喜歡吃肉啊。」

從此以後，我才知悉天主教對生命的定義與界限，顯然，他們心目中的人類，才是至高無上，其他動物即使有生命，會流血、會呼吸，也照樣不值得重視，屬於賤貨，甚至可以消滅，或者說，動物為人類而生，只要有益人類的健康，富有營養價值，殺來吃也不妨。我想，天主教的生命觀大概是這樣吧！

但，佛教徒不相信動物是為人而生的，佛陀忠告我們，人類沒有權利殺害任何動物的生命，因為牠們也有生存權利。動物照樣有恐懼與痛苦，完全如人類一樣。俗語說：「人為萬物之靈」，因為人類有較高的智力，故能殺害氣力與身體遠比自己大的其他動物，但，我們也不能肆無忌憚地殺害牠們，或以征服者的心態欺凌其他較大或弱小的動物。

佛戒之首，在不殺生。這條戒的真正精神，應該是重視生命。凡能呼吸的動物都得被尊重，因為牠們的生命與價值都要讚嘆。

除非迫不得已，最好不要殺生，即使不會犯法也一樣。

我看到佛經裡常有「有情衆生」一語，佛教的衆生，事實上，也包括畜生界。這是頗有道理的，看到牠被人砍一刀，頭顱落地，鮮血淋漓，我們豈會無動於衷嗎？如肯替牠們設身處地一想，在挨刀前幾秒鐘，目睹牠們的眼珠轉個不停，似有所思，也許猜到人類手握鋼刀的惡念與殘酷，即使心生畏懼，掙扎無用，那種等死的無奈，身為佛教徒，豈能感受不出來？嚴格地說，殺人跟殺畜生有什麼分別呢？

印象裡，十幾年前旅行到台灣中部的某鄉鎮，居然看見街上掛有狗肉店、蛇肉店、兔肉店、烤鴨店等招牌，有些是家禽外的肉食店。當時，我心裡非常吃驚，暗想店主從那裡買得到大量的稀有動物呢？因為敢公開營業，諒必有大批貨源或存貨才對。

有時候，從老一輩人的閒談裡，也曾經聽他們誇耀，當年親口嚐過老鷹肉、山雞肉、狐狸肉、老鼠肉、狗肉、烏龜肉……簡直把平時聽過的一切動物名稱都叫得出來，言下不勝得意，稱讚那些動物肉的味道鮮美，不放味精也無妨，不斷惋惜眼前沒有機會再嚐了。尤其，他們更嚮往牠們的內臟可以進補，吃了百病不生，延年益壽。當然，這是一種錯誤又可怕的想法，完全缺乏同情與慈悲心態。

D.RUNES在他的『理念手書』中說道：「我們很難說到，我們與那些一直被我們大嚼大嘸的動物，存在什麼道德關係，許多時候，我們烤了牠們吃，有時還生吃牠們。世上有些人愛馬、愛狗、愛貓，卻同時抓住鹿、牛的脖子，撕裂牠們的喉嚨，喝牠們的鮮血，立即做成布丁，或者嚼嘸牠們的肉。有人還吃貓肉、狗肉和馬肉，也利用牛做苦工。」可見世人對動物一直缺少同情心，這是佛教徒要經常自我警惕的。

從佛經裡發現，世人幹歹事，下輩子可能投胎做畜生，逃不過輪迴報應。如不能得到究竟解脫，難免在六道輪迴。

譬如《六度集經》第三記載，佛的弟子阿難，曾經投胎做過烏龜，舍利弗做過狐狸，目蓮當過一條蛇。《六度集經》第六裡，也描述五百位修業僧衆，曾經投胎為五百隻猴子，而猴王是釋尊的前身。《雜寶藏經》卷第一裡，釋尊也曾轉世為一隻鸚鵡。《雜寶藏經》卷第三裡稱釋尊的前身為一隻雉王，機敏過人，提婆達多剛巧轉世為貓，野心勃勃，三番兩次要陷害雉王，結果，都被對方識破鬼計。

在在顯示因果輪迴的事實，只要是正信佛教徒，豈可違背因果去屠宰其他動物？何況啃牠們的肉，喝牠們的血，嚼牠們的心肝？

《金剛經》對一切衆生的界限更廣泛！那是：

「若卵生、若胎生、若濕生、若化生、若有色、若無色、若有想、若無想、若非有想非無想……所有一切衆生，我皆令入無餘涅槃而滅度之。」

這裡所謂衆生，幾乎無所不包，遠在我們的常識範圍以外，恐怕也比其他宗教的認同範圍更廣泛吧！

很不幸地，國人對於生命的尊重觀念太淡薄了。勿寧說，根本談不上尊重，或同情，反而殘忍無情，因為濫殺與嗜吃野生動物的習慣，震驚全球，簡直令世人吐舌。

例如不久前，洛城一家中文報紙的頭條新聞是：

「台商屠殺海豹交易，已在美國引起公憤，四十保護動物團體聯手，擬先示威再抵制台貨。」

簡短幾個大字，足可把國人冷血的事實說明夠清楚了，這是台灣百姓的惡業與恥辱。

佛教的政治智慧

十多年前，我還住在台灣時，一天報載日本首相田中角榮，向美國一家飛機公司購機涉及回扣，因為證據確實，才被法院叫去查詢，而後丟掉首相寶座，我看了不禁一陣喝彩。不僅欣賞民主落實的國家，果然有法律尊嚴，也同時嘆息自食惡果，當如是也。據說田中氏還強辯：「賺錢有什麼不好？」

後來，我有一次到東京跟一位叫佐藤的社長，談起田中氏的話，佐藤社長不屑地說：「賺錢的確沒有什麼不好，但是，政治家怎能談賺錢呢？賺錢是我們生意人的事。」的確，政治跟賺錢無關，政治家或行政首長，不能輕易隨波逐流，縱使像日本人被譏為經濟動物，但，行政首長、政界領袖、立法與官吏等，也不容許參與利益輸送。不幸，時過境遷，彼一時此一時，不知當今日本政界還有誰不曾加入利益輸送，或官商勾結呢？

近日報載兩位曾經叱咤風雲的世界級政客，當年位居極品，利用職權，搞錢搞勢，風風光光，誰知人算不如天算，那想到也有頹廢落難的一天？

一個是昔日東德領袖何內克，監督柏林圍牆創建時，大言不慚：「這是反法西斯主義的護牆。」也說它是：「拯救了歐洲和平」，那副不可一世的樣子，如今也隨著牆倒人倒，拖著年近八十的病體，被迫回國接受民意的審判了。

不消說，他是共產主義的忠貞信徒，當權時代下令格殺任何逃往自由的同胞。八十年代，東歐吹起陣陣民主風，他依舊不想改革，不放棄邪見，貪戀有權有勢的風光，昧於無常的世局，和進步的民主浪潮。

另一個人叫做柯立福，曾任世界最強國家——美國詹森總統任內的國防部長，也任過杜魯門及甘迺迪總統的特別顧問。

他如今站在聯邦法庭上被起訴，涉及賄賂，間接參與大規模的詐欺，那是很精密的組織，目的在累積金錢，並取得金錢所提供的特權利益。當然，這也是以落實民主與人權的美國，才有這種司法尊嚴，有這種魄力與能耐辦得了這種案子。彰顯天網恢恢的公權力，多少代表人世間還有些天理，並證明自食惡果的存在。

雖然，現代國家不像從前，統治者和高級官僚來自世襲，現在一陣選舉以後，常常有新面孔出現，政壇比較有制度，無如，所有首長和主管的人品風範，心術的正邪，對於實務運作，在職權範圍內，仍有相當影響力。何況，有些民主不落實的地區，人制意義反而重於法制與民意，而人制的最大禍害，是容易有「我執」。縱使明文規定，他們自有方法歪曲和修改法律，或走法律漏洞，說來說去，離不開貪字，因為難免私心，才彰顯國家元首、部長、政界領袖和行政官吏的個人條件多麼重要。

不消說，古印度時代的國王、族長和行政官僚等，幾乎來自世襲和授予。佛陀發現百姓受到壓榨、掠奪、虐待、酷刑等不人道措施，跟政府的開明與否息息相關。他明白一個政府的首腦人物——君主、部長等行政官僚，如果腐敗墮落，那麼，整個國家也必然隨之墮落不幸了。一個公正廉明的政府，老百姓才有起碼的幸福可言。於是，佛陀認為政治若要免於腐敗，就一定要有條件不錯的政界首長，也就是今天所謂政客官僚，包括元首在內的各部會首長了。

在『佛本生經』裡，佛陀提出「十王法」，當做政治人物是否合格的條件，殊不知這套兩千多年前的「十王法」，放眼今天的世界政壇，依然很有用。

「十王法」是：㈠執政者要仁慈、不要貪迷財產，要為百姓福利著想。㈡要有高尚道德，遵守五戒。㈢不為個人安樂著想，能為好人犧牲。㈣誠實廉潔，不向惡勢力低頭。㈤寬厚待人。㈥生活簡樸。㈦無瞋恨心，不念舊惡。㈧不用暴力，提倡和平。㈨有容忍心。㈩多與百姓協調相處。

表面上看，這不是烏托邦的政治人物才能實踐嗎？其實不對。紀元前三世紀前後，深受「天人敬愛」，也是偉大護法者——阿育王，就有勇氣、信心和遠見，倡導非暴力、用和平與友愛的方式，處理廣大帝國的內外事務了。他公開宣稱：「永遠不為任何征戰而拔劍，並願一切衆生廢除暴力，克己自制，實踐沈靜溫和的佛教。」他不但摒棄戰爭，也表示：「我的子孫也不可認為新的征服值得發動……他們只許以德服人。」

當時，國內到處沒有紛爭，百姓也安居樂業，甚至鄰近國家也來接受他那種仁慈作風。

佛教不認為佛教徒不應參加政治活動，但卻不能用宗教來取得政權，也不該用政治力量宣揚宗教，意指佛陀反對那些修行與弘法的專業者，去從事實際政治活動。那麼，國王和政治領袖，應該經常自我改善，仔細反省身、口、意三業活動。平時留神或誠懇地傾聽民眾的意見，自己修持有無過失？處理政事有無錯誤？如果有錯，百姓會埋怨，因為他們身受處罰、徵稅和壓抑，最後可能起來反抗。如果執政者一切正直，領導有方，百姓也會祝福他：「萬歲、萬萬歲」了。

這是『中阿含經』的話。

佛陀時代，政治制度儘管不是民主，可是，佛陀領導的龐大教團，尤其是弘法方式，卻表現十足的民主，而不會一意孤行。這方面可從「佛本行集經五十二」裡看出來，例如佛陀住在舍衛國祇園精舍時，適逢一個名叫波離婆闍的外道，也在那裡弘法。他們為了擴大教團勢力，想盡方法向百姓說教。佛陀每次聽見居民的意見反映，馬上調整自己的弘法方式，而不會執著自己的方法。這樣，才沒有遭到衆人的非難，反而深受大家的歡迎了。

另外，佛陀重視以身作則，主管能夠影響部屬。「增支部經」說，若統治者公正善良，首相也會善良；首相如果善良廉正，官員也會善良廉潔，以至百姓也會倣效了。

佛教主張統治者或官吏犯法，與民同罪。「彌蘭陀王所問經」說，統治者像百姓一樣，犯了道德法典或社會規條時，同樣要被處罰，如果搶劫公產，也要受刑罰。如果不配做統治者，也要受百姓的拷問和責備。

從佛經裡，充分顯示民主精諦，統治者和百姓的角色要維持平衡，以及公權力的鐵面無私。這些都是現代文明國家的基本架構。環顧世間，所謂先進國家，也不過是這幾方面的落實而已。佛教的政治觀並不落伍，佛陀的政治智慧既深遠，又圓融，永遠適用於人世。

統治者或官吏難免良莠不齊，這樣一來，百姓會遭殃。釋尊也會建議對方要用善心推行善法，不能只顧恣情縱欲。例如「法句譬喻經第四」裡，釋尊向一位暴君提議，必須遵行五事。否則，後果堪憂……。

關於為政之道，從『佛為優塡王說法政論經』，和『金光明最勝王經第十九』裡，釋尊都向當政者誠懇訓示一番，不離世間法的修身與治國良策。對他們來說，比較為難的是，親賢臣、遠佞人，結果分辨不出正見、邪見，誤己誤國，但終究在護持正法一途，自己先從修持正法開始。

佛教的飲食生活

俗語說：「民以食為天」，口腹之欲是人生的最大需要，也是身心健康的基礎。自古以來，食色等價齊觀，相提並論，凡聖皆不例外。不過，這兩樣都是人類的原始欲望，或稱動物本能，而人類不能永遠停在這個階段，一定要昇華，突破本性的箝制。原因是，人類到底是有思想，有文化的動物，不能只會吃喝拉撒和睡覺，應該如何找尋更高級的心靈生活，才是佛教主張的飲食目標——四食說。

眼前國內的飲食生活，早已超過溫飽程度，這種可喜現象證明國人四十多年來的勤奮有代價。大家統統吃得一樣好，沒有富人與窮戶之別了。據說國人每年會吃掉一條通達全省的高速道路，真是可怕的數字。

記憶裡，不論城市或鄉間，每逢婚喪喜慶，許多家庭擺出流水席，內容五花八門、數量與品質都不在話下，足以讓客人喝得酩酊大醉，或吃到倒胃口為止。依主人看，這才不失待客之道，殊不知這是真正荒唐、無聊和浪費。

有些外國觀光客評論台灣：「到處是餐廳，書店很少見到。」可見國人只重視吃的文化，而忽視了精神糧食，這種現象實在不是現代社會的健康表現。國人吃喝的胃口特別大，文化的消化功能反而衰弱，這一點値得反省。所謂「玩物喪志」，也跟「玩食喪志」的意思一樣，結局不會好的。

基本上，佛教不過份強調三餐要美食美味，或吃個痛快。原因是，人若貪戀美食，則容易忘了聞法和修持。意思不是說佛教不重視飲食生活、或忽略身體健康，而是把目標放在怎樣超脫物質性食物的箝制，進一步開拓人生更浩瀚，更有意義的精神空間，找尋物質性食物以外的精神糧食、強化更神聖的智性與心靈生活，藉此拋棄各種煩惱，得到永恆的幸福——究竟涅槃。所以，佛教對於食物的德性、飲食數量與時間等方面，都有精闢獨到的見地。

在食物的功用方面，佛教先有一套不同凡響的解說。例如，南傳的『彌蘭王問經』說，涅槃有五項功德，其中也有食物的德性。因為佛教把食物看成藥品一般，如果吃得對，意指數量、品質和時間上都很有規則的話，那麼，無異服下良藥一樣，不僅有益身心，還能滋養「慧命」。相反地，那就等於吃下毒藥，結果，當然會害死自己。所以，信佛學佛的人，千萬不要對於飲食生活掉以輕心了。

早從釋尊時代起，佛弟子就過著三衣一缽的生活，那也是佛教教團的象徵。他們每天清晨，都習慣進城，或到村裏乞化，只要足夠一天的食糧，就回到精舍，或坐在樹下飲食了。那麼，他們吃些什麼？或怎樣吃法呢？通常，分為時食、夜分食、七日食與盡形壽食等四種。不過，這些都指物質性的飲食內容和方式而已。事實上，佛教飲食的最大特色，無疑是超越這些基本或初級的飲食階段，也是『俱舍論』所謂：「飲食有四種，一是段食、二是觸食、三是思食、四是識食。」再依照『成唯識論』的解釋，可知段食以變壞為相，觸食以觸境為相，思食以希望為相，而識食卻以執著為相。

然而，佛教除了相當警惕段食與觸食以外，也不忽略思食與識食。原因是，這兩項才屬於高級的飲食境界——包括聞法的歡喜，對生存的希望，和修持的高深境界。關於這些，『法華經』也提到：「其國衆生，常以二食，一為法喜食，二為禪悅食。」

俗話說：「人為希望而活」，意指希望本身，或生存意志，也是非常重要的生命泉源，照樣能夠增強生命力。例如，法朗克爾寫一本著名小說：『夜與霧』，他感慨地敍述，自己當年被關在納粹集中營裡，所以能夠苟延殘生，以後活著出來，不是得自身體健康，而是一味相信未來，即對生命滿懷希望而已。

根據醫學界表示，許多病人患了不治之症，如果真正對自己表示絕望，那麼，他們極可能在二十四小時內死亡。可見滋養人類的色心，即是能夠支撐生命的東西，事實上不僅限於物質性食物。難怪有人讚嘆，佛教主張四食說，果然是一項知見了。

另外，『俱舍論』還提到一則故事，也蠻生動有趣。

且說一個商人在海上不幸遇難，眼見船身破裂，所有食物都沈入海底了。幸好，他望見不遠有白色積沫，以為是海岸。他心想，只要上了岸就有辦法……才懷著希望，活著游去。

誰知游到前邊一看，始知不是海岸，他才立刻絕望地死去。

這是以「希望為相」的思食。還有『雜阿含經』一段舍利弗的答話，取名為『淨口經』，也頗有啟示性。因為他指出佛弟子們的飲食，純粹為了清淨生命，那是依靠正法活命的食物，唯有這樣，才不致於墮入外道的邪命裡。原文是，有一天，舍利弗正坐在樹蔭下吃飯，剛巧被一個外道的尼僧碰見，問他吃飯的方向、手法與目的，才迫使舍利弗對佛教飲食的態度做一番解釋。

總之，釋尊要求弟子們飲食也要守戒，切勿貪享美食，旨在磨練他們的修行意志，養成謹慎專注的習慣。否則，飽暖思淫，容易墮落，那就永遠不能修到佛果了。

關於這一點，釋尊在『修行道地經第三』，有一段教誡是，藉一隻鳥做譬喻，指出修行人若任憑胃口的需求，而不加節制時，只會增強淫念、瞋恚和痴性，這樣反而有性命之虞。每次讀到這段話，我不禁想起那些自炫胃口極佳，每餐山珍海味都不會厭倦的美食主義者，他們自鳴得意有口福，殊不知病從口入，遲早會有悔不當初的日子。

『法句譬喻經第三』也有一段話，很可做國人的警惕，那是佛經上不時出現的波斯匿王，因為他愛著五欲，尤其喜歡每天吃個不停，幾乎不知肚飽為何事，成了習慣後，吃得再多，也仍覺得不夠，只好命令廚子一直調理膳食，猛吃不停。再加上自己缺乏運動，致使身體日漸肥胖，幾乎連搭車、走路和起居都不方便了。他在苦惱之餘，只好在侍衛扶持下，去請教釋尊。釋尊開示說：

「肥胖的原因有五種，一是吃太多、二是貪睡、三是沈於享受、四是不勞心、五是不作業。若想減肥，當然要少吃和努力工作。」

接著，釋尊又作偈告訴他：

「知道節食，自然減少痛苦，身體輕快，才能延年益壽，你何樂不為呢？」

最後，釋尊強調不要以為有得吃，並能縱情恣欲，才算幸福。其實，人死後精神消失，身軀也成為殘骸。所以，聰明人懂得怎樣超脫過份的口腹欲望，而勤於養植心智，相反地，只有傻瓜才會停留在吃的欲望裡，掙脫不出來。希望學佛以後，時常領悟佛教的飲食要諦，也會受益很多，倒不一定猛讀經典，才算真正領受法喜。因為學佛也等於謹慎和調整日常生活，如同前述，民以食為天，三餐飲食不也是生活裡的修持項目？

最後，請佛友們背誦佛陀一句話：

「量腹而食，無所藏積
心空無想，度衆行地
如空中鳥，遠逝無礙。」

我看人生的雙胞胎——死亡與無常

據說一代高僧——印光大師，特地在自己臥室牆上，貼著一個頗大的「死」字，旨在提醒自己要老實念佛，真信切願，不斷要求自己念到：「風吹不動，雨打不濕」。只要看到這個令人傷感情的字，就會立刻覺悟自己的死，即在呼吸之間，於是，念佛也要分秒必爭，精進再精進。顯然，他把「死」字當做精進修行的最大善巧了。我真敬佩他的獨到見解，也佩服他的勇氣，竟敢面對世人最恐懼的問題，不疑不惑，還要從中領悟最大的啟示，難怪他後來會成為淨土宗的一代宗師。

我想，「死」是人生最大的千古疑案，不能光靠知識來解答，試看那群學問淵博的巨儒，反而會把人死解說得很離譜，道理一大篇，令人愈聽愈疑惑，也愈恐怖。其他宗教的解釋，亦不盡圓滿，不夠究竟。只有佛法的教義才能剖析它的秘密。

人談到死時，都會很不自然，心情很微妙、很複雜。年紀愈大，對於死會愈敏感。眼見周圍的老友紛紛走了，自己有一種不吉祥的感覺。嘴裡雖不說，心裡也會很惶恐又無奈。何況，這個事實橫在眼前，別人不能替代，自己也逃不了，縱使你在世上有權有勢，呼風喚雨，或指婢喚奴，無所不能，時間到了照樣一切得放棄。勿寧說，這種人最怕死了。總之，世人對死事不敢馬虎，所謂生死事大，果然有真理存焉。

一位華僑內科醫生透露一件很有趣的秘密，許多美國病人跟中國病人對死的態度，表現得差距很大，他說：大多數美國人一聽說自已患了癌症，都能看得開，大大方方地度其餘年，趕緊做完自己想做而未做的事情。中國人剛好相反，聽到自己患了絕症，馬上喪失了生機，痛不欲生，提不起勇氣活下去，造成診病醫生很大的困擾……。

我想，美國人的觀念比較正確，也比較理性，但，卻不能說心裡完全沒有惶恐，或不會迷茫。自已死後何去何從？結果怎樣？一般美國人都習慣聽從牧師的指引，得到暫時的心安。不然，也沒有別的辦法了。

學佛的人對於死應該比較開朗，不應該緊張和畏懼。從佛法裡，我們知道死是一種因緣和合，在生、住、異、滅的四相裡，生命有生與滅的變化，因緣散去，等於生命結束。之後，投胎轉世，在六道裡輪迴，開始另一期的生命。在不停的輪迴裡，必須接受果報，那是很痛苦的。

換句話說，人的生命不是直線型，而是循著圓形轉動。佛開示許多方法，能夠教人斷除根本的煩惱，解脫生死的輪迴。因此，學佛最大的好處是，懂得念佛，多做功德，會有福報，這樣可以超越輪迴，轉往阿彌陀佛的極樂世界。

另外，佛經裡記載，親友死時，誦經可以超渡他。譬如誦念《地藏菩薩本願經》、《阿彌陀經、》、《金剛經》、《心經》等，都能超渡亡者。因為誦經迴向死者時，能使死者聽經後，領悟經裡的妙義，感念佛菩薩的慈悲願力，之後，捨棄執著的心，超離各種苦惱，度向彼岸。

一般人都不希望夭壽或橫死，都想將來能夠「無疾而終」，事實上，如肯虔誠念佛，不但會死得安詳自在，甚至可以預知時至，這是有證有據的，不信的話，不妨閱讀那本《近代往生隨聞錄》，自然會明白。

死的雙胞胎，就是無常，勿寧說，我們都應該從死去領悟無常的存在，才是最有價值的啟示。記憶中，我初次拜訪洛城的照初法師，正在讚嘆他的佛堂時，猛然一抬頭，目睹牆角那一邊，有一張木桌上，放置許多亡魂的靈位，壁上貼著死者的遺像，男女老幼統統有，有些半身像，有些全身照，最令我驚心的是，居然有幾位可愛的幼童，美貌的少女和英俊的壯男，而老人更不在話下。我望著那些遺像，沈思很久，一直說不出話，除了感慨死亡這個冷酷的事實，更覺得無常的可怕和奧妙了。

因為一聽到死，大家都難免會連想到自己將死於何時？何地呢？接著妄念叢生，譬如長生不老，不願早死等？佛法裡，常用死觀——觀死之必來，死期不可測，死時孤立無援，來修持無常。我們從無常裡，又可以獲得另一項啟示，就是愛惜時光，例如趕快學佛修善，切勿推到明天，馬上就要實踐，誰知無常駕臨的時刻呢？

我很讚嘆正在北加州弘揚淨土的林鈺堂居士，因為他從死的現象裡，心念一轉，曾於一九八八年二月份，設計了一本無常簿，把自己親眼見過而已亡故的人，都記在一處，目的在警惕自己要分秒必爭，注意無常的存在。他表示，面對著無常的事實，會讓自己想起世上時時刻刻有千萬萬的人走了。這樣，自己才會直覺到世間的是非紛爭無意味，多麼希望自己盡量用這短暫與珍貴的一生，好好做些積極的貢獻。藉記無常簿，也會使無常成為我們心中常有的一件事，免得為無聊俗世，而沈迷受苦，進一步有清新的心境培植善念，逐漸變成積極的善行，以儲備往生的資糧。

還有，我們平時要練習不掛懷，免得臨終痛苦。從臨終之時回顧，我們一生為太多無謂小事索腸掛肚，太不值得。日蓮宗信徒有一句話很有意思：

「人要先學臨終，再學其他事。」

可見死亡或臨終不失為一種極有價值的教材。

天涯何處是淨土

那天到一間寺廟去做法會，認識一位中年的吳居士。雙方有緣談得投機。我問他在那兒得意?他說在推銷「淨土」。我自以為聽錯，重新又問一遍，他才笑著說:「我在賣墓地，你要不要買一塊?」我聽懂後，反而大吃一驚，也許他看到我警訝的表情，怕我心生誤會，又趕緊解釋:

「在美國，賣墓地也是一門生意。美國人很喜歡給自己準備好墓地，一點兒也不忌諱。買下來也許以後可以轉讓撈一筆錢。當然，你自己要用也還早……我們都是佛友，我才把墓地說成淨土比較好聽些。」

他雖然解說得很婉轉，也很符合這裡的習俗。無如，我心裡總覺得怪怪的，也許我還沒有入境隨俗，同時，也是首次聽見墓地是淨土的代名詞，心情上一直很複雜。

大約過了兩年，一位九十高齡遠房姐夫在洛城去世，他的子孫請我以親屬身份參加追悼會，還要親身送到墓地，看到入土為止。於是，那天是我到美國以來第一次進入美國人的公共墓地。它位於洛城中心區不遠的一大片山坡上，取名為「玫塊山莊」。光看名稱，誰也猜想不到那裡是埋葬死人的地方，除非是到過的人。但是，一進山莊大門，若是初次光臨，照樣任誰也不信這裡竟是一塊墓地。

原因是，站在山莊入口，向斜坡遠眺，簡直一望天際，到處綠草如茵，枝葉扶疏，間染著各種不知名的花卉，加上洛城四季溫和的氣候，環境清幽，鳥語花香，那像埋死人的大墓地，簡直就是人間「淨土」了。

回想自己在台灣，因為親友去世而送他們入殮，曾經到墓地的次數，多得記不清楚了。

據我所知，一般台灣的公共墓地都是亂草叢生，沒人整理，荒塚累累，連大白天也有些陰氣森森，恐怕膽小的人都不敢前去。那種地方不論從心理上、外觀上，委實不像一塊「淨土」。

然而，那年暑假，我去佛光山拜訪鄭教授，也是首次目睹星雲大師「提倡人間佛教，建設人間淨土」的實景模式。經過萬壽園時，但見藍白色調的七層建築，依山而立，氣勢磅礴，陽光夕照，傳來僧人的梵唱，那不是與世無爭，一片祥和的淨土嗎？

於是，我想起有一次，一位佛友突然向我表示：「我不怕死了。」我問他何故？他說：「我以往不曾做壞事，將來也不會，只要勤於念佛，死後可以到那個可愛的淨土，那麼，死有什麼好怕。」我趕緊答說：「你的想法只對一半。原因是，不必等死後才去淨土，眼前也有淨土，人間也處處有淨土。」他問我淨土在那裡？我說：「淨土在你心裡，淨土在寺廟，淨土也在墓地。」接著，我進一步解說。

所謂淨土在墳場，當然是上述的經歷。至於寺廟即是淨土，我也有一番體驗。洛城蒙特律市有一間法印寺，位在市中心，寺前馬路車水馬龍，行人往來不絕。我初到該市拜訪住持印海法師，一面看門牌號碼，一面尋路，因為剛來美國，環境不甚熟悉，加上舉目無親，心裡十分惶恐不安。幸好身上有皈依師父——真華上人的推荐信。所以，當我走進寺裡，適逢法師做晚課，乍聞大雄寶殿傳出的天籟梵音，和繞香撲鼻。當時，彷彿在感覺上立刻從洋人世界，步入現代靈山，見到佛菩薩，心境馬上轉為平靜和安穩了。那時的體驗也是前所未有，是我一輩子忘不了的。

《維摩詰經‧佛國品》提到菩薩創造淨土，就是有直心、深心和菩提心。因為菩薩具備四無量心，才能成佛淨土。另外，也指出迴向心亦是菩薩淨土。這部經上有一段話非常重要，那是：「若菩薩欲得淨土，當淨其心；隨其心淨，則佛土淨。」所以，心境清淨不清淨，無疑是能不能成淨土的根本條件。

倘若滿肚子鬼主意，縱使表面上笑臉迎人，那只是奸笑或獰笑；縱使外表上彬彬有禮，也只是虛偽詭詐；縱使出手闊綽大方，布施贊助，也只是沽名釣譽，另有企圖。這種人的心裡何嚐有道德，散亂矛盾，顛倒妄想，怎可能成就清淨、莊嚴和祥和的淨土呢？恐怕跟台灣公共墓地的景象一樣，滿地荆棘，蛇穴鼠窩遍布之處。

說得明白些，任何人心裡沒有貪、瞋、痴、慢、疑、邪見、怠、嫉、慳等怪物，那麼，清涼莊嚴的人間淨土，不就呈現眼前，而何必等到死後呢？所以，淨化心念為第一要務。所謂君子坦蕩蕩，不就是已經在淨土裡嗎？無心即淨土，正是此意。《正法眼藏》的作者——道元禪師，勸人只管打坐，也要用古教照心。他說：

「在堂，須究理辦道；面向明窗，須古教照心。」

意指反觀內照，明性見性，滌淨了欲念，回歸正道後，正是一片淨土。

《寒山子詩集》說：一天，寒山與拾得兩位隱士，秋夜裡抬頭望明月，完全陶醉在秋意中。片刻裡，心裡毫無雜念，彷彿秋天明月，清澄剔透，故忍不住吟出一首詩：

「吾心似秋月，碧潭清皎潔，無物堪比倫，教我如何說。」

心裡沒有陰霾，也沒有煩惱，不也是一片淨土嗎？

詩人墨客，置身在幽靜絕慮的景象中，忽然吟出詩句，心弦拔動，體會生活的喜悅，例如高山流水，風清明月，那種心境不是淨土嗎？

在美國，居住鄉間或稍離市中心，不難發現到處是環境清幽的住宅，室內布置講究。乍見下彷佛人間仙境，倘若家裡主人坐在裡面長吁短嘆、憂悒孤寂，那麼，他生活在人間淨土嗎？當然不是。

台灣以經濟奇蹟傲視全球，但聽到法務部長嘆息，國內治安、汚染和吸毒比率年年上升。縱使高樓大厦接踵出現，家家唱出卡拉ｏｋ，三餐大魚大肉，豪華汽車滿路奔馳。這是世人夢寐所求的人間淨土嗎？答案可由大家自己去揭曉吧！

日本一位名僧叫做良寬禪師，終生托缽，別看他沒有地位、也沒有寺廟，殊不知他天天優游自在，時時歡天喜地。

「一缽千家飯，孤身萬里遊。」不是高僧大德在人間淨土的寫實嗎？

俗人或以為，自古以來，世界根本沒淨土可言，何必自欺欺人，不若今朝有酒今朝醉，縱情放欲，過那沒有明天的生活。那不是很快樂嗎？我聽了只有萬分憐憫，因為那種人真正頹靡智昏，失去了生機和人生目標，那樣豈能建立自己的光明淨土？倘若沒有善根福田，一再作惡，到頭來，自找苦吃，來世也許還會招來地獄的果報。何不回心向上向善，建立正確的人生觀，則天涯處處是淨土。

入境問俗破執著

某日報載一對老夫婦從台北來美國投靠兒子。兒子已經成家立業，年輕夫妻白天上班，孫子也上學去。家裡只剩下老人家，既不會開車外出，也不懂英語，不能聽和看電視報紙，更無法跟鄰居溝通，整天待在家裡無聊。天天步出庭院，又走回房門，巴不得兒孫快些回來聊敍，享受天倫。誰知他們回家後，樣子好像很勞累，吃過晚飯，只有匆促幾句，連說要休憩，不想跟父母多說什麼。小孫子也嫌爺爺奶奶沒有趣，不願過來多搭訕，甚至乾脆表示：「不要來煩我。」老人家聽了很不高興。

好不容易到了例假日，老人家暗喜兒媳有空帶自己出外逛街遊覽，看看美國風光，解解幾天的悶氣。不料，他們說有事應酬，不便帶老人家出去。這一來，幾乎什麼願望都落空了。因為高高興興來投靠的動機和多年的期待全部泡湯，也發覺兒子完全變了，不是當年聽話孝順的態度，好像完全忘了父母的辛勞和存在，更別說反哺恩情。

總之，老人家開始埋怨，實在忍不住心中的怒火，乃當面跟兒子理論。但是，兒子有一套道理，媳婦與孫子也好像跟兒子相同陣線。這樣，雙方起了爭執，老夫婦一怒之下，摸摸腰包還有些老本，乾脆托人買了機票回台灣。臨走時，還表示自己沒有這個兒子。發誓以後再也不到美國這個鬼國家、鬼社會……。

類似的報載與傳聞，多得寫不完。總之，有些老人家來美國投靠或探訪兒女，結果似乎不太愉快，很掃興回去，嘴裡還罵個不停。

儘管有不少這樣的實例，每個個案內容不盡相同，但，這些不是永遠解不開的死結，當事人只要退一步想，觀念上轉一個彎，就能破涕為笑，如願以償，享受到盼望久矣的天倫樂趣。有些人公開和私下還表示，兒媳真不錯，美國也是好地方，將來不一定回去落葉歸根，反而很放心把老骨頭埋在美國，跟洋鬼子結伴為鄰。這正是不執著，才能客觀醒悟的人。

其實，上述問題的性質不複雜，也無具體的利害爭執，更不涉及雙方的善惡品行。他們全部無心製造問題或排拒對方。如果硬說有錯，才會出問題，那是錯在雙方執著，執著我見和我思，也正是觀念上的固執己見，不肯替對方著想，否則，一定能夠皆大歡喜。

佛法強調：「境隨心轉，事在人為」，請大家牢牢記住這句話。

按理說，老人家純粹來美國渡餘年，不必跟陌生環境搏鬥，不會為生活和別人起衝突，問題極單純，但若觀念上成了老頑固，就會鬧成不歡而散了。

基本上，台灣和美國是兩個完全不同的社會環境，語言、習俗、人種和觀念等都不一樣，甚至有些地方還相反。老人家要先明白，眼前來到了美國，不是自己土生土長的老地方，千萬不能用台灣的觀念和標準來衡量美國的一切，那是行不通的。原則上，不要執著自己的

「心」意，自己不是聖賢，未必樣樣都對，不妨冷靜反省，切勿輕率下結論。

再說美國到底是先進國家，雖然不是塊淨土，但優點比缺點多，很多地方值得觀摩學習，天下沒有十全十美的社會。老人家在台灣混一輩子，觀念和思想早有自己的一套，也已經定了型，要求他們馬上破執著，看得開，確實不容易。

兒女這一邊要從旁解釋，雖然不需要天天講述，至少要讓父母慢慢理解兩個社會的民情差異，不能單靠父母自己去體會，那樣不易一下子跳出舊觀念的束縛。當然，兒女也不能執著美國的一定會比台灣的好。

譬如美國社會一切講效率、談速度、求新求變，這些是工商社會最顯著的特徵，但非完美無缺，而在台灣充其量也只在起步階段，不像美國這樣醒目流行。美國家庭重視個人獨立，忽視倫理，父子感情平等方式，好像朋友一樣，這種價值觀跟台灣完全相反。孫子在這種環境下成長，那能像台灣那樣對父母畢恭畢敬、唯唯是諾呢？年輕人來美國尚且要掙扎一段日子，才看得慣這種不同的作風。何況老人家要馬上認同是不可能的，至少也非常痛苦，埋怨兒女太洋化。

記得我剛來美國不久，還在讀高一的女兒，每天早晨上學時，至少要對鏡化妝半個時辰，塗口紅又擦粉，好像新娘子化妝，我看了心頭火起，大聲斥責：「高中女生何必如此？」她馬上頂嘴：「爸，我班上同學從初中開始，就很注意打扮和衣著，盡量讓自己漂亮，我這樣根本不算什麼。」我心想，總不能讓女兒在班上土裡土氣，只好放棄台灣淸湯掛麵的執著，隨她去打扮了。

當時，我家居一所中學對面，每天早晨看見老師帶學生在操場上體育課，我覺得奇怪：「早晨不是上國、英、數等主科的好時間嗎？台灣的學校從小學開始就這樣安排。」經過打聽的結果，美國老師的答覆是：「身體健康才能念好書，應該把最有益健康的時間排在前面。」我一想這也有道理。

倘若我執著台灣觀念來看美國人，他們全是洋鬼子，那比得上我們的中華文化呢？但退一步想，事實幾乎相反，他們樣樣有制度，真正在安定中求精進。

學佛的人，千萬不能用虛妄的分別心，對事物或事理固執不捨，那會變成老頑固，一定得不到正覺。佛法裡，衆生都是藉五蘊和合而來的，不能把人我妄執為實我。否則，就變成人執、我執了。還有一種法執是，不知道這五蘊的法，乃是虛幻不實的「空」，偏偏把法我當做實體看待。如果執著事物，看不透徹，會產生各種妄見偏差。結果，不但不能修成佛道，在生活上也很苦惱，甚至鬧成笑話。這一點在《中阿含經第十六》裡有兩則有趣的譬喻，就是過份執著應有的下場。內容是這樣：

㈠某年，釋尊在祇園精舍弘法。佛說一個養豬的漢子，某日在路上發現一大堆乾糞，不禁暗喜：「好東西，撿起來帶回去餵豬，不是頂好嗎？」

他馬上把堆積的糞便聚集一起，然後揹負在身上了。

半路上他遇到傾盆大雨，背上的大堆乾糞，被雨水融解流下來。骯髒的糞水濕透他的身體，奇臭無比，可是，他一直不肯丟棄揹負的糞便。

他不是傻瓜嗎？令人捧腹！

㈡某年，釋尊在舍衛國祇園精舍宏法。且說兩個漢子揹負著大包麻，準備賺些經費，補貼家用。

兩人揹著沈重的麻趕路，途中看見一堆無主的貝殼和絲織品等，他們繼續前行，又看見一堆無主的銀子。其中一人每次都放棄些背上的麻，先改拿貝殼和絲織品，現在換了更多銀子。但是，另一人卻依然揹著原先的麻繼續走路。

不久，他們又看見路上一堆無主的金塊放著，揹銀子的漢子對揹麻的同伴說：

「喂！路旁有一大堆金子，又沒有主人，你何不放掉賤價的麻，讓我們揹著價值昂貴的金子回去不好嗎？回去馬上可以成富翁了。」

揹麻的漢子聽了無動於衷，不肯撿起金塊。他說：

「我辛辛苦苦揹著麻走路，決不輕易放棄它。我老遠跑來找到麻，現在不想丟棄。如果你想要，不妨把那堆金子全部拿走，我可不在乎。」

揹銀子的漢子覺得他莫名其妙，想要強迫他丟棄背上的麻。無奈，對方把麻看成寶貝一樣，反而繫結得更緊。他依然表示：

「我不要金子，你要的話，自己拿去吧。」

揹銀子的漢子覺得對方不可理喻，只好放掉自己揹負的銀子，撿起地上的金塊回家去。

他的父母老遠望見兒子揹著金塊走回來，稱讚他說：

「回來得好，你果然聰明，拿這麼多金子回家。以後，我們會有安樂的日子了。連妻兒和大夥僕人都有好日子過了。此外，也能供養僧衆和婆羅門，得到未來的善報。」

反之，那個揹麻的漢子偷偷摸摸地回到家裡，父母見他仍然揹著麻回來，十分不樂，破口大罵：

「你這個傻瓜，這個窮鬼，你還回來幹什麼？揹負沈重的生麻回家，到底要幹什麼？你以為它能當飯吃嗎？能養活父母妻兒嗎？簡直是大笨蛋一個。」

見善不取，見惡不棄者，跟揹麻的漢子有何不同呢？

學佛目的在開智，有智慧才能破執著，執著破才會得悟，兩者二而一，一而二。執著己見既荒謬，又可悲，當真害人不淺。不同的文化環境是一面好鏡子，面對它反省自己，互相比較。到底自己有那些不合時宜，妨礙進步？取長補短，並不可恥，何必惱羞成怒呢？凡事執著的下場，佛經裡不是講得頂明白嗎？

感恩與惜福

我初次到日本家庭作客時，很不習慣他們張口開飯前，必須恭敬地說一聲：「我承受了，謝謝。」總嫌日本人禮貌太周到，簡直多此一舉。直到我日後在社會上做事，歷經許多人情體驗，始知那項習慣含有不尋常的重大意義，而不是普通的禮貌而已。因為它代表一種感恩心，感恩對象包括父母、長輩和栽培自己，以及讓自己能享受這餐飯的所有關係人。如果每次開飯前，都習慣說出這一聲，無疑可以喚起自己對那些人的感激之情。我想，這個習慣很珍貴，大家都應該懷有這份心意。

日本一位工業鉅子——三陽公司本田社長，曾經來過台灣，也舉辦過一場演講。可惜，我忘了他的講題和內容，但卻永遠記得他在結論裡，語重心長地表示：「我有今日的成就，先要感激以前栽培我的父母、師長和所有的社會大衆……。」

本田氏勤勉致富的成功實例，固然令人敬佩，然而，他那份飲水思源，懂得感恩的情操，尤其讓我由衷地讚嘆。

事實上，現代人的感恩觀念愈來愈淡薄，似乎只要提到感恩，就會被看做老骨董，或跟不上時代，甚至不知要對誰感恩？殊不知這份高貴的情操，才是人性最光輝的部份，而佛經裡也有不少例子提到它，可見佛教的感恩觀也是值得信徒們來歌頌。

尤其，中國和日本社會特別重視感恩。基本上，佛教主張一切事物，皆依因緣和合，才能互相存在，這就是恩念產生的淵源。佛教對恩情的主張，分為積極與消極兩方面。積極方面指心存恩念，這也是修行佛道的根本要件，例如『大乘本生心地觀經』列舉父母、國王、衆生和三寶等四恩，必須要常常思念，其中強調父母恩與佛恩功德一樣。消極方面有親子與夫婦的恩愛，可惜，它們常會妨礙佛道修行，故宜適度調整，以不妨礙修行為原則。

『優婆塞戒經卷三』提到「恩田」一語，那是三種福田之一。因為世間的父母、師長、和尚、阿闍梨等，都對自己有深厚恩情。所以，我們要能知恩、感恩和報恩，才能生福德，猶如田地能滋育穀物一樣。

『大藏法數卷廿二』提出世人應該報答天下恩、國王恩、師長恩和父母恩。

『釋氏要覽卷中』指出人類要懷有師長、父母、國王和施主等四恩。

『大明三藏法數卷卅六』指出，衆生蒙受如來有十種恩情，分別是：發心普被恩、難行苦行恩、一向為他恩、重形六道恩、隨逐衆生恩、大悲深重恩、隱勝彰劣恩、隱實施權恩、示滅令慕恩和悲念無盡恩等十項恩情。

另外，『毘奈耶破僧事十七』和『九色鹿經』裡，都提到禽獸知恩圖報，比人類還要珍惜恩情，而『雜寶藏經卷三』卻提到人類恩將仇報，結果不得善終。這些佛經上的故事都有深重的寓意，和教育理念。

今天，台灣幾乎沒有窮人，家家歡樂的景象，不是突然冒出來的，而是由無數同胞四十多年來不停打拚出來的結果。記憶裡，謝東閔先生擔任台灣省主席期間，大力主張「客廳即工廠」，呼籲全省同胞全心投入生產行列。

當年，我住在新竹縣鄉下，每家每戶裡，都會有主婦、少女，甚至老祖母等，不論白天或夜晚就寢前，統統一面聊天、一面雙手不停地做手工藝，或串聖誕燈等外銷產品。她們寧願放棄應得的休憩，而把娛樂寄寓在作業裡，縱使工資低微，也會傾全力埋頭苦幹。那種勤勉節儉的美德，恐怕不是目前的年輕人所能想像或做得到的。還有全省各地的紡織廠、電子廠等，都有無數的年輕女作業員，犧牲多少心血和青春，才替台灣外銷工業打下基礎。之後，台灣中小型企業才能逐漸昇級，轉變為今天高科技性的電腦軟體與硬體工業。

凡是生長在六十或七十年代的國人，不分男女，都曾直接或間接參與那些辛苦的行列。這份奮鬥的輝煌紀錄，正是現代年輕人享福得福的淵源。但願學佛的人，永遠要對眼前的一切，包括自己立足的土地、草木、水土、文物、糧草、山川和人物懷著感恩心。生於斯，長於斯，養於斯，甚至死於斯；這裡的一切不是有大恩於自己嗎？

現代人享福得福，雖說是自己的福報，而前人的心血灑在其中，也不在話下。最重要的是，既知眼前的處境，就要好好珍惜，不可縱情恣欲，隨便浪費。否則，後果很可怕。古德有句警惕的話說：「有錢常想無錢日，莫待無錢想有錢。」

聽說台塑董事長王永慶，三餐吃飯，都習慣把碗裡吃得粒飯不留，喝咖啡也把杯裡喝得點滴不剩。像他這樣富有的人，居然懂得惜福愛福，不是也在替自己「再造福」嗎？

宋代高僧法演禪師說得好：「福不可享受到盡頭，假如福被享受盡了，幸福的泉源會枯竭。」任何暴殄天物，或隨意丟棄的習慣，終究會給自己折福的。

有一位日本青年叫做中島光藏，有一天，他拜訪全國最傑出的雕刻家——高村東雲，表示自己要專心學習佛像雕刻。高村聽了，叫他先到井邊學習汲水舀水，也沒有對他說什麼話。

不過，他看到中島氏汲水舀水的動作，不禁破口大罵，叫他滾回去，不讓他學了。其他弟子目睹中島可憐的樣子，就留他住宿一宵。半夜，中島被人叫醒並帶去見高村。誰知高村卻非常溫和地對他說：

「也許你還不懂我白天罵你的原因吧？我不妨坦白說出來。佛像是何等神聖與莊嚴的，所有雕佛像的人，都得有一顆高尚虔誠的心。雖然水不是值錢的東西，你也不能隨便浪費。我看你汲水時，水潑到地上浪費，都毫不在意。只知糟蹋東西而不知反省的人，怎能雕刻佛像呢？」

中島聽了深受感動，表示要痛改前非。高村也看他是可造之材，才准他投在門下。後來，他也成了著名的雕刻家。

許多洛城的老華僑常說，以前從台灣來美國的留學生，一下飛機，就忙著先打工，賺取生活費和學雜費，之後，才設法上學。他們知道打工賺錢很辛苦，所以，求學特別用功，後來也都很有成就……那像現在的台灣留學生，一到美國，就先買賓士轎車，或上卡拉OK，吃高級餐館，一切先享受要緊，似乎忘了要來留學。其實，他們帶來的錢，那裡是自己賺來的？不知惜福用功，只知享受奢侈，怎麼可能有成就呢？

誠然說得一針見血，人有旦夕禍福，福報不會永遠隨身的。根據佛經上說，佛陀當年把行乞回來的食物，不論好壞，統統都吃下去，從來不嫌那些菜餚不好吃。顯然，這樣一則表示佛陀慈悲，不忍心拒絕施主們種福田，二則不是也表示他懷有感激與惜福心嗎？

惜福固然重要，須知修福比享福更重要。

最後，我不妨寫出一首家喻戶曉的積福歌，學佛的人都該認真練唱一番，當做生活的座右銘。那就是：

「嘆人只知今世財，那知財是前生福。我今說與積福人，勸人重財先重福。莫為兒孫計，自有兒孫福。不如看破財，及早修些福。」

佛教的婚姻觀

婚姻是男女愛情的正當結合，即非一夫多妻、也非一妻多夫。佛教嚴禁修行僧與任何婦女有越軌行為，一旦被發現有越軌行爲，會立刻將他逐出僧團；對於民衆的規定也不例外。另外，世尊卻承認俗人的婚姻生活，不過，嚴禁配偶以外的男女關係，所以在五戒裡有不邪淫戒。

那麼，夫妻間應該如何相處呢？世尊說：

「夫妻要彼此忠實，互敬互諒，向對方竭盡義務。例如丈夫要禮遇妻子，應該愛她，對她忠實，鞏固她的地位，使她安適，贈以衣飾珠寶，以博取她的歡喜。妻子應該照顧家庭，接待賓客、親友和受雇的員工，也該愛護、忠實丈夫，在所有活動中保持精明。」

另外，世尊主張雙方要依據信仰，建立家庭生活。

「夫妻兩人都要有信仰，心地良善，行為謹慎，依佛法生活，雙方說話要體貼，這樣才會幸福與安定。只要兩人都能守戒，自然沒有怨敵，心安理得了。」

這段話是日本佛學者中村元教授根據原始佛教指出的資料。

『玉耶女經』記載世尊對於婦道有一番詳細的教誡。

因為玉耶這個女人婚後自恃美貌，而顯得傲慢。世尊有一次教示她有關夫婦之道。首先，女人應該扮演五種角色：

㈠母親——關愛丈夫，要像母親疼愛子女。
㈡臣婦——要像臣子侍候君王一樣侍候丈夫。
㈢妹婦——侍候丈夫彷彿侍候兄長。
㈣僕婦——好像僕人一樣侍候夫君。
㈤夫婦——長期離開父母，形跡各異，而內心相同，尊敬丈夫，不能有傲慢心，要跟家庭裡外和上下和睦，才不失夫婦之道。

女人伺候丈夫與家長也有五善三惡。妻子要從事五善，去除三惡。五善是：

㈠晚睡早起，做家事，有佳餚要先侍候家長與丈夫。
㈡好好管理家財，不要遺失。
㈢說話謹慎，不輕易發怒。
㈣經常自我反省，不惹事生非。
㈤一心服侍家長與丈夫，提高家庭聲望，敦親睦鄰，竭力使家庭和睦。

天未黑不要急著入房睡覺，不要待太陽高照時才起床。如果受到丈夫責備，也不要懷恨在心。如果先吃佳餚，反把粗糙食物送給家長與丈夫，或傾心丈夫以外的男人，懷有惡念，也都在禁止之列。若不關心生活經濟，只知盡興玩樂、論人長短、爭強好勝，以至受到親友批評，為衆人所不齒，違反婦道，叫做三惡。

若能實踐五善的女人，不但令人尊敬，獲得好評，連九族都能得到光榮，和諸善神的護衛，今世可免於各種災難。後世也能出生於天界，住在七寶宮殿，安享快樂與長壽。出生人間時，也能投生富貴家庭，容貌端莊，受人敬愛。總之，會獲有上述殊勝的果報。

反之，若行三惡，不但會被人憎恨，現世裡不得安定，也會受到惡鬼與諸毒的煩擾，惡夢不斷、凡事不能如願、多災多難。待此世生命結束時，會出生惡道，受盡無限煎熬，也會輾轉於地獄、餓鬼與畜生等三惡道之間，嚐盡惡果的滋味。

據悉玉耶女聽到世尊的十戒後，心情頓然開朗，成為清淨奉善的佛教徒，建立美滿的家庭了。

家庭是人類最原始、最基本與最小的社會單位，家庭形態自古以來，不分中外都有不斷的演變；先由亂婚、群婚或一夫多妻、一妻多夫，直到今天的一夫一妻，世人始知一夫一妻才是最妥善、最合理的婚姻制度。當然，佛教家庭也建立在這項基礎上，才主張不邪淫。

由於人類社會不斷變遷，婚姻的制度和觀念也受到巨大的影響。近年來，工商業進步，婚姻結構和價值判斷也有極顯著的變化：例如同性戀，無異違反天理，純粹是一種病態，也徹底摧毀正常的婚姻，情況遠比邪淫還嚴重。

還有，世尊住世時，也許根本沒有或僅有微乎其微的離婚現象。離婚基本上是違反佛化家庭的原則，但也不會絕對禁止，因為雙方個性南轅北轍，以至貌合神離，同床異夢，會失去愛情基礎，在彼此痛苦的情況下，也有考慮的餘地；但不贊成動不動就說分手，把婚姻看成兒戲，或不顧子女的行為。

根據台灣省警務處發表的資料可知，離婚人口每年都上升；近年結婚與離婚對數比是：每五點六對結婚人口中，就有一對離婚，顯示許多人失去婚姻幸福了。

現行法律雖然是一夫一妻制，但法律也有漏洞，中國人習俗上似乎默許有錢人「納妾」，在這種彈性下會造成若干「齊人」享受左右逢源，再怎樣解釋都不能被包容在佛戒的空間裡。還有最近在美國成長十分迅速的單身父親，和單身母親等比率，都顯示家庭衝突越來越嚴重。這些都是佛化家庭不允許的，也是佛法所教誡的。

雖然，美國的單身母親們說，她們選擇這種生活，常常與道德無關，而是經過實際的、情感的和精神方面的綜合考慮後所作的決定。但有些單身母親並非出於自身的選擇，而是被現實所迫，才不得不獨自生下孩子。站在佛教的婚姻觀來說，不僅充分考量男女雙方，也不忽視子女的父愛與母愛，和圓滿的家庭等因素，所以很反對這種婚姻現象，當然，也包括未婚生子的現象。

社會變動裡，女權高漲也帶來女性角色的動盪。由於女性接受教育的機會增加，相對也提高就業機會和經濟能力，妻子對待丈夫的態度早就不同於往昔，但也不能跟佛教家庭的理念衝突。夫妻相處是一項藝術，目的在維持家庭中所有成員的幸福，也敦親睦鄰。佛教婚姻的基本精神，就是把夫妻、愛情和性的關係畫成等號。絕對不承認目前時髦的「婚外情」或「午宴」，那些原是邪淫的代名詞，皆被現代商人強辭奪理了，所謂逢場作戲自然也在禁止之列。

婚姻的諮商人員指出，若要消除婚姻的內在殺手，不妨學習如何解決衝突、如何增進溝通的技巧。他們建議雙方都要把注意力轉向對方的優點，而非互揭瘡疤。其實，在佛陀教誡妻子的五善裡，也包括現代婚姻專家的意見了，只要實踐五善，自然不會產生嚴重的怨隙，也不會響起婚姻的喪鐘了。

本來，男女自幼生長在不同環境，父母教養方法也不同，結果，自然出現不同的性格了。依照中國人的傳統習慣，女兒出嫁時，父母親都會再三吩咐她要順從夫家翁婆、夫唱婦隨；凡事忍讓，不能像在娘家那樣隨心所欲。以前，日本女性更是如此。曾經有一位自認為很幸福的主婦，很得意地表示：

「服侍丈夫是妻子的特權。」

這一點倒跟印度重男輕女的社會習俗差不多，但世尊談到夫妻關係時，卻主張雙方要平等，互相盡義務，家庭自然美滿了。

有些女人說：「縱使你的丈夫是賊，他叫你把風的話，你也要默默地給他把風；如果自作聰明地說，做賊是壞事，你不願做，那就不像活佛一樣侍奉丈夫，不能享受和丈夫合一的境界了。」

這個觀點無異三從四德、逆來順受的女性觀，這不符合佛教的婚姻觀。相反地，妻子的溫柔和順從也有底限；眼見丈夫為非作歹、不盡義務，也要勇敢地引誘指導，使他符合社會道德。

佛教講究三生有緣才結為夫妻，學佛的人當然要珍惜這種難得的姻緣、白頭偕老、共創光明的人生。

古代的中國士大夫習慣三妻四妾，顯然違背佛戒。目前，美國社會的性觀念很開放，婚外情也司空見慣，但美國老百姓卻不願聽到總統候選人的婚姻有瑕疵，否則休想進入白宮。例如，前次的民主黨總統候選人哈特，就是因此而被迫退出競選，之後斷送大好的從政前景，可見佛教的婚姻觀也能得到美國一般老百姓的支持，縱使美國人的婚姻觀念時時受到新時代的挑戰，可是真金不怕火，當如是也。

不說邪淫會犯戒，連性騷擾也快要被承認有罪了。當然，不論語言或手腳上的性騷擾都違反佛戒。嚴格說來，修行包括身口意三方面，人的意淫也有礙修行，也會造惡業。

『生經卷五』有一則說話，指出男人常常沾花惹草、貪戀別的女人、忘了家有賢妻，結果失去妻子，後悔莫及。

『百喻經第四』也有一則說話，指出齊人非福。內容很有意思：且說一個漢子聚兩個妻房。只要他親近一人，另一人必然嫉憤把他攆走，害他的立場很困難，每晚夾在兩妻之間，正身仰臥。

一天夜晚，大雨傾盆，房屋漏雨，水滴與泥土灰塵全部掉進他的眼裡，因為他跟兩妻有約在先，不論發生任何事，都不能移近任何一邊。結果往右邊靠不成，左邊也不行，只能停在中央不動，致使雙眼失明了。根本原因，完全出自他娶了兩個女人。佛教婚姻是一夫一妻，也絕對不允三妻四妾或金屋藏嬌。

專家們指出不論時代怎樣進步，邪淫仍是幸福婚姻的恐怖威脅。哈佛大學公共衛生學院警告，愛滋病毒將迅速侵害一億人，它是本世紀人類的大浩劫。不消說，病源幾乎來自邪淫氾濫，包括同性與異性。難怪現在歐美人愈來愈擁護傳統婚姻。那正是佛教的婚姻觀，也是最健康合理的婚姻制度，永遠適合人類社會。

美國人的佛緣觀

我上大二不久，系裡一位李助教正要起程來美國深造，事隔三十年，如今他在南加州華裔社會是頂有名的心理學家，擔任加州某大學系主任，平時活躍在各個華人社團，熱心演講美國社會的特徵，和新移民的適應方法。

從許多場合和報導裡，我很留心李教授這些方面的見解。不消說，他的專業性觀點，值得新移民接納，但又讓我很意外的是，他列舉主流社會的美國人，有若干明顯的特性，赫然跟佛教精神不謀而合和互相融通的地方。

從佛法觀點說，這是與佛有緣。於是，我心想一旦佛緣成熟，那些美國人都會沐浴在法喜裡，而美國地區也會變成佛教社會，但問題是，這需要弘法人才來推展，要靠佛教徒大力贊助，才可能讓佛教在這裡落實發展。

李教授好幾次都精闢地舉出主流社會的美國人，的確有非常值得敬佩和學習的特性，他用學術名詞稱它為「社會文化」特色，計有以下幾項：

第一項是，美國人有開拓者的精神。他們不畏艱險，開荒闢土，建設新大陸，飛登外太空。

記得每次觀賞美國西部武打片，總會有美國白人單槍匹馬，或攜家帶眷，搭乘帳蓬馬車，橫渡艱險荒凉的沙漠山野，去開闢家園，蓽路襤褸，非常辛苦，這種拓荒的抱負與精神，頗像佛教大德為了救渡衆生，習慣隻身到陌生村鎮與社會去弘法的情景。例如有一次，佛陀和六十位比丘在鹿野苑結束夏安居後，吩咐弟子們：

「不要常住在一起，不要兩人同行，要獨自到各地去普灑清淨法雨。」

他們在途中或異地，都難免遇到飲食起居和異教徒攻擊的危險，但也都要自行解決，甚至要奮不顧身，才能達到弘法目的。不說佛經記載太多這方面的例證，光說當年達摩祖師來到陌生的中國，唐玄奘隻身去印度求法，都很類似開拓者的風範，抱持承先啟後的壯志雄心。再如眼前國內佛光山僧團，紛紛前往蘇俄、南非、南美和澳洲等地，開拓佛教的新道場。還有北加州的宣化上人，當年也是隻身去開創萬佛城，在在都凸顯佛教大德不是待在自宅，或隱居深山一輩子。

大乘佛教最顯著的特色是，不僅自己成佛，還要普渡天下蒼生，不論海角天涯，只要有人居住，甚至外太空，也都願意去，實踐菩薩道，建設人間淨土。

第二項是，美國人有感恩精神，當初歐洲新移民都能節儉苦行，富有宗教熱情，追求人生的樂園。

這些都是佛教的內涵，因為佛教最重視感恩心。例如『大方便佛報恩經』有許多感人和精彩的報恩故事。『六度集經第三』也有風子報恩，『摩訶摩耶經』提到佛陀向聖母講經，報答慈恩。更有『根本說一切有部毘奈耶破僧事』經裡，記載禽獸之間，人與禽獸間，都該互相報恩，不要彼此迫害。『本生經』記載更多佛陀前生曾幫過提婆達多許多次大忙，不料，提婆卻不停地恩將仇報，結果才會下地獄受苦，滿懷感恩心的佛教徒，不是足以媲美美國人的感恩精神嗎？

學佛的人，都明白衣食住行等生活要節儉，絕對反對奢侈浮華，因為那些會引起無止境的貪欲，妨礙修持生活。佛教反對徹底和不近人情的苦行，而標榜中道的人生觀，一切要適可而止，經濟上要量入為出。例如，佛陀曾告訴善生童子，應以收入的四分之一做日常費用，以半數來投資事業，再將四分之一儲蓄，以備急需。這是有計劃，很勤儉而又符合常情的生活。

佛教最講究宗教情操，不僅鼓勵讀經聽法，培養正信，加強智解，更要實踐慈悲行，追求證悟解脫，圓滿究竟的人生。美國人所要開闢的新天地，很像佛教徒所要追求的極樂淨土。誠如國內元光寺的普獻法師說：

「佛教不僅提出他方淨土，也強調人間淨土。」

關於前者，『阿彌陀佛經』上寫得很仔細，莊嚴又美觀，而後者是有計劃地開發、建築、規劃、教育設施與宗教修持，旨在豐富現實的人生，則是人間淨土的目標。

第三項是：美國人有寬大的包容雅量，他們肯收容早期的歐洲窮人、乞丐、犯罪、流氓、難民，甚至亞洲、非洲的黃色及黑色民族，也很尊重他們自食其力，讓他們有機會改過自新，脫胎換骨，形成一股建設新國家的動力。

這些也符合佛教精髓，因為佛教主張衆生皆有佛性，從佛經裡看出佛陀一生救渡許多國王、官吏、富豪、乞丐、罪犯、百姓，甚至妓女和最低層的首陀羅族人，只要肯放下屠刀，都能成佛，可以說來者不拒，只要有緣，都肯救渡收容。佛教也最主張自力自強，所謂「師父引進門，修行在個人」，例如阿難是佛陀的堂弟，也曾服侍佛陀一輩子，最後也不曾得到佛陀特別愛顧，照樣靠自己覺悟。包容心的基礎，奠定在平等智上面。佛教反對分別心，要慈悲普及一切衆生，可見包容空間何等浩瀚。

第四項是美國人很尊重自由的意志。美國尊重信仰、思想、言論自由。他們常說第一愛情，就是自由。

我每次讀『維摩詰經』，都湧起一陣感動。在佛弟子們心目中，佛陀無異是天人導師，都由衷地敬仰讚嘆，但是，佛陀的吩咐也不見得唯唯是諾，而佛陀也不會嚴厲地貫徹命令，表現「一言堂」作風。當他派諸大弟子去探訪維摩居士的病況時，弟子們紛紛推辭，不願從命。佛陀也很尊重他們的自由意志，不去也罷。

在『大般涅槃經』裡，佛說他從來不打算管束僧伽（和合僧團），同時，也不要僧伽們依賴他。佛陀也准許弟子們自由思想，因為要覺悟真理，得到解脫，全賴個人的自由意志，誰也幫不上忙。

巴利文增支部經也提到佛陀告誡迦摩羅族人，凡事要靠自己判斷，不必隨便相信流言、傳說、宗教典籍、論理推測，也不必任意信仰誰是自己的導師……。這種尊重自由的主張，也是宗教史上絕無僅有的。

第五項是，美國人厭憎傳統的處事方式，反對傳統的社會秩序、權威，和「一成不變」的做事態度……追求無止境與未知的前方。

學佛的人都知道佛陀出家以前，印度社會早有婆羅門教和各種宗教思想，甚至修持方式都成了定型。宗教師幾乎視苦行為解脫的不二法門，而「梵天崇拜」更是一般人天經地義的觀念。還有社會上有四種相當嚴格的階級制度——婆羅門、剎帝利、吠舍和首陀羅。

這些都在印度社會裡根深蒂固，成了傳統權威和秩序，要不是悉達多太子有衝破傳統的智慧與魄力，又怎能破繭而出、覺悟成佛呢？他先衝破王子身份的家庭箝制，又拋棄苦行方法，不停在「無所有」和「非想非非想」等處定；而不斷用自己的智慧做大精進，希望找尋真正解脫的真理。

這種反抗和打破傳統的修行法，激起他的勇猛心與精進心；結果，才能另創一種新宗教——佛教。

一位新科加州的日裔眾議員——高杉名尾，在第二次世界大戰期間，被關進鐵絲網圍住的集中營。當這位七十歲的州眾議員近日參加就職典禮時，對美國這個國家冷靜地批評過很有意思的話：「儘管美國有缺點與錯誤，但我環視全世界以後，我仍然要說這個國家是全世界最偉大的。」

蘇聯解體後，前總理戈巴契夫來訪問美國時，也坦率指出當年自己對美國的了解另有管道，而不聽新聞記者那一套，雖然知道美國的缺點一籮筐，但是，美國仍然是最有潛力，最可發展的偉大國家之一。

走在洛城的鬧街小巷，環視左右幾乎都是成群的流浪漢、難民、乞丐和妓女，他們成天無所事事，靠領救濟金過活，然而，他們卻非主流社會的美國人，也很難從他們身上找到上述李教授所說的「美國文化」特徵。

所以，他們影響或決定美國前途的力量不大。但在聯合國和專家們的各項科學統計裡，美國仍不失為最先進的國家之一，而成就超強的條件一直佔有最多數。那麼，佛教在這個國家將會扮演怎樣的角色呢？

記得西來寺在洛城哈仙崗開光那天，星雲大師面對一群國際貴賓與佛教徒，很有信心地說：「佛教能夠豐富美國文化……。」我想，這句話是最具體、最扼要的解答，而其他話都顯得微弱無力、比較次要了。

最後，我要引用對美國佛教有精闢研究的鄭金德教授的話說：

「本質上，美國是一個世俗化的社會，僧伽團體薄弱，少數佛教徒大都是居士。因此，英語傳教師的培植刻不容緩。只有透過共同語言，才能為美國社會的一般大衆所接受。其他宗教儀式上的變革，如經典英文化才能引起他們的興趣。佛教除了做為宗教以外，它還有深妙的其他資源與哲理，頗能迎合美國人重理智的需要，倘若能配合美國文化的走向，而做相應的改進，佛教在美國的未來，將綻露興盛的景象。」

俗話說：「萬事皆備，只欠東風」，既然美國人跟佛法有緣，前途看好，那麼，剩下的是諸位佛友們的努力，而不可能靠等待和奇蹟。

同時，記得一位異教徒同鄉挖苦我說：

「佛教的價值觀跟本不能在基督教社會落實，美國人不會接受……。」

如今回想他的話，無異外行人說外行話，因為佛教也可說不是宗教，不是哲學，而是真理和事實，例如無常或因果，不論你信不信，它都是存在，不論在那裡，或在何時，這些也都始終存在，難道重視理性的美國人會不接受嗎？除非執迷邪見的少數美國人。

佛眼最殊勝

『大莊嚴論經第八』有一篇關於眼睛的故事，寫得生動有意思，值得仔細讀一遍——一位王子患了眼疾，群醫束手，終於不幸失明了。國王後來從國外聘請一位瞿沙聖人，來替王子醫治。

這位聖人的醫法不同凡響，只見他動手醫治以前，先造了許多銅盆，然後吩咐在場的人，待一會兒要說佛理，如果聽後會掉淚，就用這些銅盆把淚水裝起來。接著，聖人講解佛法的十二因緣，聽衆果然聽了涔涔落淚，他們就用銅盆裝好淚水。聖人把淚水收集起來，遞給王子洗眼睛，說也奇怪，王子的眼睛立刻恢復視力了。

王子的眼疾恢復後，又繼續聽聖人說法，不久，王子就從生死執迷中覺醒，之後，再悟得阿羅漢果位。這時，王子不禁作偈回報聖者，其間，只聽他由衷地讚嘆聖者的功德，才能讓自己的「肉眼」與「慧眼」都得到清淨……。

讀到這裡，諸位一定會羨慕王子因禍得福，意外地得到一雙慧眼了。根據佛教字典上說，慧眼的功用非同小可，那是聲聞與緣覺等二乘的眼睛，它能識出真空無相，也能輕易地洞察一切現象，都屬於空相定相，真是比肉眼強過太多倍了。

其實，若想得到一雙慧眼也不太難，只要有佛緣和善根，加上自己的精進，也能如願以償，好像上述那位王子一般。

不消說，肉眼是我們凡夫的眼睛，不說普天下的人，包括凡聖都有肉眼，連其他動物也有哩，實在平凡不過了。

記得『三國演義』裡描寫，曹操有一天邀請劉備，到後花園梅林下飲酒，刻意問他天下有那些英雄？劉備卻反問：「備肉眼安識英雄？」說得也是，肉眼有什麼了不得呢？因為它有諸多障礙。

例如『大智度論卷三十三』記載，我們的肉眼只能清晰地看到近處的景物，卻看不到遠處，縱使能看見眼前景物，也不能同時看到自己的背後，俗語說「背後不長眼睛！」縱使能看見外界，卻看不到內面，白天雖然看得見東西，黑夜卻伸手不見五指……。

如果說得明白些，我們可以抬頭看明月，和藍天白雲，也能遙望青山綠水、目睹群鳥飛翔。尤其，現代人更有眼福，在各方面輕易地享受到科學成果，例如靠望眼鏡可以眺望更遙遠的星球，六十年代我初來美國，曾經到聖地牙哥市，全美國最大的天文台，透過特大型望遠鏡，觀賞過浩瀚無垠的天體景象。

相反地，人類也能利用顯微鏡，觀察微生蟲、小細胞……總之，這種科學眼都是肉眼的伸延，也是人類智力的傑作。無如，從佛教的觀點說，這些都不稀奇，也不是學佛所要追求的視力，因為它所能看到的景象，都是「著相」。

還有中國民間傳說的「千里眼」，如今，比起美國太空中心的特大型望遠鏡，早已小巫見大巫，顯得不稀奇了，同時，這也不是佛教讚嘆的眼力，它所見景物照樣「著相」。

讀到『觀無量壽經』時，我發現其中談到心眼，那是靠禪定力量，透視障外的物體，來觀照諸法，它不仰賴肉眼，也不靠天眼，完全靠自己修持相當的定力，才能照見他方諸佛、及其佛土的莊嚴。

佛經裡，最著名的是『觀無量壽經』上所說，當頻婆娑羅王被逆子——阿闍世幽禁在牢裡，求生無路、欲死無門，哀傷到極點時，曾以心眼遙望釋尊，向釋尊祈求：

「目連是我的好友，請您大發慈悲，派他來接引我吧？！」

於是，目連如飛地來到了。不久，釋尊又增派另一位弟子——富樓那來向他說法。結果，國王才得到生死的解脫，成就心願了。

天眼是色界的天人，一直修禪定才能得到，有了天眼，也都能觀察遠近、前後、內外、晝夜和上下一切衆生。在佛陀十大弟子裡，阿那律素稱「天眼第一」，因此，他能觀看十方世界。據說他曾在聽法時呼呼酣睡，遭到佛陀的斥責。於是，阿那律就發誓以後再也不睡眠，眼睛因此失明了。不過，肉眼瞎掉後，他仍在精進修行，終於獲得天眼了。

天眼除了靠修得以外，還有一種報得。凡在人界修四禪定，而得到淨眼時，叫做修得，阿那律應該是靠自己修來,但,生於色界的諸天,可以自得淨眼,叫做報得。佛教所謂五神道,其中一項天眼通是修得,而不是報得。

還有一種法眼,那是菩薩為了救度衆生,有一雙法眼能夠照見一切法門。法眼也比凡夫肉眼強過幾萬倍,自然不在話下。

但是,學佛的人知道諸佛有佛眼,能夠觀照諸法實相,用慈心照見天下蒼生。原因是,諸佛具有肉眼、天眼、慧眼,和法眼的作用,所以,才能無事不見,無事不知,無事不聞。由於聞見互用,才能無所思惟,一切皆見。關於這一點,『無量壽經卷下』也提到「佛眼具足,覺了佛性。」尤其,『法華經』說得最明白:「佛眼圓通,舉勝兼劣;又四眼入佛眼,皆名佛眼。」和「舍利弗當知,我以佛眼觀,見六道衆生,貧窮無福慧。」可見佛眼最殊勝,最奧妙,也堪稱學佛的人最豔羨的眼睛。

紐約一位佛教大德沈家楨居士,在『金鋼經』的研究裡,談到肉眼、科學眼和智慧眼,有一番非常徹底與獨到的分析,我一連看了好幾遍,欲罷不能。他說一般人若用肉眼、科學眼或智慧眼觀看,都會竭力想像一個對象,觀想某個存在,其實,這些對象與存在都是「相」,「我看見」等於著了相,根本沒有達到「見諸相非相」的境界。

因此,我們要掃除錯覺,和多世以來的不正確習氣。相反地,我們不要被各種相所轉,也就是不要被世上各種相,包括自己的思想情緒所干擾和影響,應該做到『金鋼經』所說:

「若見諸相非相，則見如來。」

在這種情境裡，也當然沒有「我相、人相、衆生相和壽者相」了。若套用佛法另一句術語來表達，就是「證入空性」。

我想，學佛的最後目標也是如此，不論什麼眼所見有形無形的存在，都不該著相，才真正見到如來，懂得一切皆空，緣起緣滅，如是而已。

寫到這裡，我才明白五祖當年為什麼不將衣鉢傳給神秀，而毅然傳給惠能？原因是，神秀還沒有證入空性，他的眼睛還看見塵埃，明鏡台和菩提樹，當然不如惠能覓無上菩提，了不可得，見自本性，不生不滅，萬法無滯。

這正是佛眼殊勝，諸相非相了。

破鏡能重圓嗎？

我上中學的時候常常聽大人說，世間有「錢財」和「感情」兩關最難破。意思是，這兩件事情很麻煩，不斷在困擾世人，而且每個人一輩子都會碰得到。那時候，我聽了一知半解，雖然不曾仔細盤問，卻將它一直放在心底，也不敢掉以輕心。

事隔幾十年，如今自己也算飽經世故，多少也嚐到這方面的苦頭，始知當年那句話不是無心放矢，當真是大人們有感而發的處世哲學。

不過，我學佛以後，人世觀有很大的改變，而且察覺佛教的智慧對於這兩件事的處理，有絕對正面與肯定的作用。換句話說，只要生活上落實佛法，倒也不難輕易地度過「財與情」兩大關，而免除這方面帶來的困擾。

「錢」關不妨留待以後再談，這裡僅就「情」關提供意見。

我每天拜讀國內某報有一版——「談情說愛」，總會發現現代男女和婚姻問題，好像愈來愈複雜，也愈來愈多糾紛，致使這方面的諮詢成了現代社會的顯學。不消說，社會變遷愈大、也愈會衍生婚姻問題的複雜化，引發無窮盡的男女糾紛，這方面好像永遠處理不完。有些以前沒有的，現在突然發生了，似乎讓人匪夷所思，到底怎麼回事呢？

以下一件例證，也是近年來屢有所聞的案件，案中的女主角正是我現在的鄰居太太，因為有緣結為鄰居，致使我們家人都很關心她的問題，也想盡力協助她度過難關，能夠享受餘生的幸福。

這位李太太半年前，剛從紐約搬到洛城，但她來美國卻快要十個年頭了。聽完她的婚姻所以出問題，不是命中註定，而是有方法可以改善的。當然，她嫁給現在的先生不但是緣份，也可以說是有情人結為眷屬的美滿良緣。這一點我一再向她肯定，也鼓勵她在這項基礎上努力不懈。

原來，李太太是一位台灣和美國兩地跑的空中飛人。十年前，她為了一男兩女的教育，千里迢迢攜帶孩子來美國求學，從此一直留在美國，直到三年前解決了身份問題才回台灣，接著扮演空中飛人的角色，半年在美國，而半年住在台灣。

她剛來那七年裡，一方面陪伴孩子讀書，一方面由於攜帶的錢不多，而被迫打工補貼家用，日子過得很辛酸。

無奈，現實如此，她也只好咬著牙根支撐下去，只希望孩子能夠好好讀書，先生雖然每年來兩次，夫妻只能團聚兩星期，她也照樣挨過了七年，一直對先生很放心。

其實，她離開台灣不到一年，她先生卻暗中跟一位女同事有了來往，之後秘密同居了。此事直到她三年前回去才發覺，當然，讓她傷透了心，從此以後跟先生大吵大鬧，本想跟他離婚，但又想到孩子沒有結婚以前，不能讓人說閒話，批評他們的父母離了婚。

總之，她看在孩子面上才忍受快要破裂的婚姻生活，在這種日子裡，不難想像她的心情多麼沮喪。所以，她除了剛搬來幾天，跟我們稍為露出笑臉，之後，始終表現眉頭深鎖、滿面憂愁。

她尤其懊悔當年選擇丈夫的錯誤——在她讀大學時，曾經有兩位男同學追求她。一位是現在的先生，長得比較體面，家境也好，而另一位卻木訥老實，不懂外交，只會考試，好像前程有限的樣子。當然，她毫不猶豫地選擇了前者。

婚後，先生在一家中型企業當了主管，生活也蠻幸福，雖然，其間被朋友倒了一筆錢，幾乎迫使她要賣掉房子，幸好娘家協助她渡過難關。從此生活還算很平靜，到三個孩子讀完小學，夫妻商量的結果，決定由太太陪伴孩子來美國留學，甘心忍受夫妻離別的痛苦，雙方發誓要為孩子的教育付出這筆代價，而且永遠不變心。

誰知結局卻是丈夫不守誓約而出現感情走私……她耳聞當初被自己拋棄那位男同學，如今當了某公司總經理，也擁有相當財富，和美滿的婚姻，同時，也照樣把兩個女兒送去加拿大留學了，看樣子他比自己的先生有辦法，有前途多了。一想到此，她更悔恨自己當年有眼無珠，不會選擇真正的好人。

李太太傾訴了自己的戀愛經過，和婚後的變化，聽在我的耳裡，總覺得她的婚姻觀不太正確，而且不太冷靜處理問題，同時，發現婚姻還不到絕望，不該輕易陷入執著裡，自怨自艾，變成了「痴」障。

首先，我勸她要在觀念上轉個彎。她當初選擇丈夫是一種深厚的緣份，無所謂對與錯，彼一時，此一時，凡事因緣和合，環境變遷，人事無常，觀念作風也都會受到影響。中國人很習慣講因緣，因為有許多過來人都這麼感嘆夫妻結合的奧妙，簡直說不出所以然。

在媒婆之言的時代，也是這樣強調，誰嫁給誰，或誰要了誰，有時連媒婆都覺得冥冥中有一種安排，才會忍不住喊出「因緣」不可思議。例如『舊雜譬喻經卷上』有一段故事，也指出婚姻的緣份早已註定，很難由外力改變。

且說某婦人生下一個女嬰，眉清目秀，看似人間罕見的美女。她長到三歲，國王召見她，並幫她叫一個婆羅門來看相，然後問這個女孩以後會嫁給那個丈夫？婆羅門說，她早已名花有主了。但是，國王卻想佔為己有，不肯讓她嫁給別的男人，就有意先栽培她。於是，國王叫一隻白鳥兒來問話：

「你住在那裡呢？」

「我不能接近人類，也不能接近獸類，只能住在深山的樹上，樹下雖然有水流，但船隻不能通行。」

「那麼，我把這個女孩寄養在你的地方，托你好好教養她，別讓她給別的男人帶走。」

白鳥兒遵命了，就把女嬰帶回自己的住處。國王每天派人送食物去，培育這個女孩。光陰迅速，日子很平安地過去。有一天，一個漢子被水流沖下來，走到這座山裡，不知怎地，剛巧爬到白鳥兒這棵樹上，就跟女孩和好同居了。同時，她把這個男人暗藏起來，不讓白鳥兒看見。

不久，女孩懷孕了，白鳥兒察覺後立刻把那個男人趕走，也將此事經過稟告了國王，不料，國王卻心平氣和地說：

「原來如此，那個婆羅門占卜得真準。」

這個故事只能證明人的出生選擇，例如投生到那個父母、排行第幾，家境情況和婚姻選擇，不是靠人的自由意志，而有前世因緣存在。不過，結婚後的幸福與否，或有多少子女，以及貧富狀況，就不是命運的安排，而完全可以靠自己掌握。

例如，我的鄰居李太太的婚姻有裂痕，明眼人可以看出主因，出在夫妻各居一方，在前七年的漫長歲月裡，丈夫一人待在台灣，失去家庭溫暖，感情寂寞之餘，最容易出問題。

倘若她不帶三個孩子到美國，自然全家都能在國內享受美滿的家庭生活、夫妻朝夕相處，感情走私的可能性，簡直不太可能，可見她的婚姻問題很單純、李太太大可不必懊悔當初，眼睛不夠亮，我安慰她，當初沒有錯，幸福也還沒有絕望，挽救的秘訣是：「解鈴仍需繫鈴人」，如今三個孩子都上了大學，不需要母親長期陪伴，不妨回台灣跟先生長住，利用機會誘勸他，以前，錯誤的原因極明顯，在以後較多相處的日子裡，總有機會讓丈夫回頭，不要那麼快沮喪，平白錯過「幸福重建」的因緣。

接著，我婉轉指出她先有執著：「先生對不起自己」的主見，才無法清醒地找尋問題的癥結，這樣，當然也不能想出好方法了。也許旁觀者清，當局者迷，不過，我不忘用佛教的因緣來詮釋，同時，人的努力也有莫大的主宰力量，不要輕易打退轉心，尚沒有敗局就先失去信心，那就永遠失敗了。

有道是「百年修得同船渡」。一對夫妻要結緣也不那麼簡單，不經三思，就妄言離異，一定會忙中犯錯。

李太太果然聽我的勸告，目前，她雖然仍做空中飛人，往返太平洋兩岸，但卻保留更多時間在先生身邊，但願他們仍舊成為昔日的菩提眷屬，言歸於好。

人人活在妙緣中

十多年前，我還住在國內的竹東鎮上，專業翻譯工作，有一次，曾替一家出版社譯過一本古典心理學書，只記得作者是英國某大學教授，可惜忘了他的姓名。但在模糊的記憶裡，似乎有一段話是這樣：

「我們活在人間，難免碰到許多不可思議的事情。例如旅行到一個根本不曾去過的地方，會發覺好像以前來過的樣子；或看到某個陌生人時，也覺得以前在那兒見過的樣子；總之，某個地點、某個情景，或某個人物，曾幾何時，不知在那兒碰過面了，熟悉得很……於是，作者大膽地下個結論——人類有個前世存在，因為那些地方、景象和人物，正是他前輩子去過、碰過、見過的往事，所以，這輩子即使突然見了，也覺得『似曾相識』，而不會完全陌生。」

我心裡想，諸如這些經驗，有些人也用佛教的緣字來解答，總會這樣說：「他跟某地特別有緣。」或者「他跟某人特別有緣份」。

總之，世界人間都在妙緣中，人人也都活在因緣裡。

事隔很多年，那段內容一直藏在我的心底，而且發覺自己也有過這樣的體驗，只是沒有找出答案來，直到我學佛，領悟緣起觀以後，才佩服那位作者的洞察與判斷，非比尋常，竟能超脫世俗的觀察界限，而點破人間與緣份的深厚關係，朦朧地暗示輪迴的影子。

依我看，人不僅跟人有緣，也會跟某地方、某類動植物、某些風土人情、文化、信仰、價值觀、道德規範，……等有緣的關係。從心理學上說，也許可以勉強把「緣」解成性格傾向很接近，才會一拍即合，容易湊成一塊兒。反之，天天相處也會吵成一團。例如某甲跟某乙雖然相處時間極短，但各方面卻很投機、很融洽，大有相見恨晚的感覺，甚至雙方的感情，比跟自己的兄弟姐妹還來得圓滿愉快，好像無形中存在某種吸引力在拉攏雙方。我想，這也許是緣的發散與運作使然。

俗話說，某人有政治細胞，或有音樂細胞。事實上，細胞一詞不如用緣字代替，會顯得更高雅、更美妙。

例如，我讀師範學校時代，班上有一位吳姓同學，所有功課都表現平平，甚至讀得很賣力，成績也只在及格邊緣。無如，他在音樂美術方面有特殊的才華；縱使遇到陌生的曲子，只要聽老師哼過一遍，他居然也能順利唱得出來；上美術課，縱使碰到極複雜的景物或靜物，他也能輕鬆地、迅速地完成一幅傑作，不論色調、安排、角度、陰暗的強弱等，也都能面面俱到，的確有非凡的表現。原來，他的父母都是小學美術和音樂教師，致使他自幼受到這方面的薰陶，才顯得特別傑出。

再看看美國現代的移民圖，卻呈現不斷在變動的景象。雖然，一群專家們也從各種角度找出令人信服的原因，移民局也認為說得有理。但對學佛的人來說，專家學者的分析解釋，也未必徹底，不夠究竟。因為他們看不出，也想不到其中有奧妙的「因緣」存在。

世人知道美國是地球上最大的移民國家，真正美國本土的主人，無疑是西部武打片裡，身騎快馬、頭戴羽毛、臉上刺青的印第安人了。換句話說，美國衆多人口都來自世界各地的族裔。尤其從八十年代以後，各地的移民人數每年都在倍增，好像都很嚮往這個有金可淘的地方，殊不知從移民局的統計裡，回國去的人數也不少，據說每三個移民者中，就有一個人回去了。

誠然，有些人來美國純粹為了逃避迫害或戰亂，而有些人發現在美國比在國內賺的錢多，比較有前途。所以他們才不回去。但是，也有些人當初嚮往自由女神下方詩句所說，這裡是自由平等的天堂，而貿然跑來圓了美國夢。不料，幾年以後，因為不能適應美國生活的狂亂步調，以致窮困潦倒，只好跑回去。

但奇怪的是，有些人在美國不會不得志，經濟上綽綽有餘，卻也動了「不如歸去」的意念，而且人數不少。當然，社會學家和心理學家都有一套解釋，不過，他們都不明佛理，所以，才始終講不出有「緣」的因素在裡面。

例如一位波蘭來的A女士，眼前有高尚的職業，和美滿的家庭，但她也坦率地說過：

「我雖然喜歡美國，但我更懷念波蘭的大海和森林。」

其實，美國到處都有壯觀雄偉的森林，和一望無際的海洋；看在她的眼裡，總比不上波蘭的吸引力、有味道；才會讓她耿耿於懷，而造成沈重的鄉愁。我在想，她何嘗不是跟波蘭的一切，尤其是森林與大海有不解的緣份呢？

令人更吃驚的是，有些猶太人也冒著生命危險，返回以色列定居了。他們認為在祖國的子彈都是香的。

世人都明白美國的猶太人在各行各業的成就非凡，可是，其中也有人願意放棄衣食無憂的美國生活，而返回衝突與戰亂頻繁的以色列佔領區渡餘生。因為他們熱愛，甚至執迷那裡的種族與宗教氣氛，以為那裡的所有存在，正是自己心中的一片淨土。他們何嘗不是跟該處的信仰、族裔文化有深厚的緣份呢？

例如，一位住在紐約市，名叫卡恩的律師。他常常想，住在曼哈頓高級地區的生活，只會使他覺得「空虛」。

他幾次訪問以色列以後，就決心要回去，認為那裡可以滿足內在的宗教需求了。不但這樣，他還敢搬到約旦河西岸佔領區，正是以色列和巴勒斯坦人時相衝突的危險地方。因為那裡三百個住戶，常講希伯來文與英文混雜的語言。但在戶外教導孩子打球時，腰間要常常帶把手槍，用警戒的眼神，注視不遠處騎著驢子，緩慢路過的巴勒斯坦人。

凡人看來，他寧願放棄美國舒服的日子，而前往敵人環伺的地區生活，有不尋常的意義。當然，他自己也曾經解釋：

「我是個講求意識型態的現實主義者，雖然，我不相信阿拉伯人，但我喜歡佔領區內的教育制度，房子也便宜，寬大景觀又好。我也會盡量保持武裝，準備應付最壞的情況。」

如果是不懂「緣」字的人，也許會接受他很堂皇的解釋，殊不知這也是卡恩律師跟祖國風土文化有特殊因緣，才會將明明很危險的地區，看成自已心裡的美好淨土。

走筆到此，我猛然想起國人常說省籍情結，或命運共同體，其中也有緣的因素。如果認為居住大陸比較適合自己的性格傾向，或比較有緣，那麼如今大陸各地都自由開放，他何不回去落葉歸根，或大展鴻圖，找尋自己的淨土呢？那就無須勉強加入二千萬人的命運共同體裡，而心不甘情不願地鬧省籍情結了。有緣則相聚，無緣可散去，彼此隨緣，不就能皆大歡喜嗎？

有道是：「有緣千里來相會，無緣對面不相識。」許多國際婚姻不是極佳的例證嗎？再如當年，婆羅門敎徒舍利弗在五舍城街上碰到五比丘之一的阿說式，看他威儀堂堂，心生敬佩，問起他的老師是誰？敎導那些法義？當阿說式答說：

「諸佛因緣生，諸法因緣滅；我佛大沙門，常作如是說。」

舍利弗聽了如同天崩地裂，這是他追求真理很久，但也前所未聞的，難怪當下即得到真理的線索了；也可見舍利弗的佛緣多麼深厚。

一位心理學系的女畢業生在婚姻介紹所服務，她對「緣份」頗有專業性見解：「別看男女兩人四目相投，會產生觸電感覺，看似莫名其妙，實則已牽涉到兩人的家世，背景、教育和志趣等等因子了。」

一語道破現代男女的「來電」奧秘，也跟「緣」字有關係。

如果說得科學一些，再從最根本說起，一個卵子和精子的結合，便有緣份可言。以千萬計的精蟲在子宮裡游泳，為何只有其中一條會被卵子選中，而結合成胎呢？這不是緣份嗎？報載美國和以色列一群生物學家，發現哺乳動物的精蟲與卵子之間，有某種通訊方式，促成彼此間的緣份。

研究證明卵子會主動放出一種化學物質，誘導精蟲向自己游著來，而不是被動地等待。換句話說，卵子放「電」，若有精蟲觸「電」便是緣份了。

總之，佛陀在『阿含經』裡特別揭示，緣起是佛法的特質，不同於世間的學術研究。倘若世人理解因緣的作用與存在，才會懂得惜緣再造緣了。

波瀾壯闊民主潮——佛陀的民主智慧

暮色蒼茫裡，窗外濃密的鳳凰樹葉，遮住淡弱的夕陽餘暉，迫使客廳打開日光燈，讓我正跟慶應大學三年級學生——木村君，坐在寓所裡閒聊，那是三十年前一個初夏黃昏，我剛到東京的第一個星期天。記憶裡，我問過他：

「日本戰敗快要二十年，日本人最大的改變是什麼？」

這是一個旣大又籠統的問題，見仁見智，可以從各個角度回答，果然，木村君毫不遲疑地答說：

「戰後擬定一本新憲法，讓我們可以思想自由，才曉得分辨真理和謊言，不像戰前天皇說什麼，或軍部怎麼說，我們連懷疑都不會，那談得上反駁和抗辯……。」

意思是，有了思想自由，才是第二次世界大戰後，日本人最大的收穫和改變。

他的話讓我立刻意識到、日本民主政治上軌道，乃是先由自由思想做基礎，而這個基礎還得透過教育制度，教材教法和一段時期訓練才能落實。當然，他們要先感激麥帥當年以佔領軍統帥身份，坐鎮輔導和監督，才能讓自由思想的種子這麼快播下和萌芽，以至開花結果。

總之，自由思想是民主制度的一塊沃土，也是醞釀民主政治的溫床。

相反地，我痛心地反省當年自己從小學生起，就在戒嚴文化下成長和受教育，不知聽了多少教條、口號和訓詞，那有過什麼自由思考的鼓勵與訓練？上了大學也美其名有獨立思考，但以前不曾受過基礎訓練，一切體制尚未解嚴，連教授們都不敢自由思考，學生們又怎會自由思考呢？

幾十年下來，自由思考最需要的批判力和分析力都被摧毀殆盡了。大學快畢業時，一位從英國回來，擔任社會思想史的居浩然教授挖苦我們說：

「你們只會背誦一大堆亂七八糟的東西，才變成甲等壞頭腦，那談得上獨立思考。」

那時，我們都聽不懂話中有話，事隔幾十年，歷經多少世事滄桑，始知居教授用心良苦和話中玄機，奈何時光不倒流，腦力已經僵化成型，失去活潑的生機，再也不易靈活，但願歷史不要重複，好讓年輕一代會獨立思考，擁有自由思想。

人類只有在自由思想的教育環境下成長，才能培養出健全的民主情操，和完善的民主智慧——順應時代潮流，誠心接受民意，也有雅量傾聽反對者的聲音，甚至破邪顯正，利益眾生。

我每次讀佛經，都非常感動佛陀早在兩千多年前，就很重視自由思考，也非常鼓勵大家一切靠自己來分辨是非，不要聽別人怎麼說，就去相信什麼，盲信的態度絕對不是佛教所主張的。『大般涅槃經』裡，佛陀說他從不想要約束和合僧團，同時，也不要僧伽們依賴他。

佛陀認為自由思考絕對必要。只有這樣，世人才能自覺真理，得到真正解脫。

例如佛陀座下有一位非常有智慧的弟子，名叫舍利弗。有一次，佛陀正在為比丘們說法時，就問舍利弗：「我說的這些你都相信嗎？」

舍利弗回答：「我尚未相信。」

佛陀很滿意他的回答，就稱讚他：「很好，舍利弗呵！你真有智慧，有智慧的人不會輕易相信別人的話，自己先要客觀地傾聽，在相信與否之前，會仔細考慮事情的正確性。」

佛陀不要弟子們輕信權威、傳說、教條，也不必依據典籍或推測……。

由此，可以看出佛陀重視自由思考的態度。

另外，佛陀很重視民意，也會滿足民衆的需要。他明白弘法方式若不經過調查，缺乏民意基礎，就不會落實，也沒有效果。縱使佛法再好，句句真理，奈因衆生的根性參差不齊，未必人人聽得懂。面對異教徒挑戰時，佛陀活用善巧方便，也很尊重佛弟子的反映，隨時修正自己昔日的話。雖然，他已經被尊奉為人天導師，卻不會自以為是，僵持己見，表現一言堂的作風。由以下的例證，可以看出佛陀的民主風範。它出自『佛本行集經第五十二』，大意是——

那年，釋尊住在祗園精舍。一個外道叫做波離婆闍迦，每隔五天，就舉辦一個盛大演講會，宏揚自己的教法，收效極好。連他的教團成員也獲得優厚的供養了。

摩伽陀國的頻婆娑羅王也是一位佛教徒，他知道外道在擴張勢力，所採用的方法很有效。就跑去向釋尊建議，釋尊覺得提案不錯，就吩咐弟子們付諸實踐了。

果然，吸收不少人來，但也聽見有人指責說：

「大家同聲宏揚同樣的事情，好像小學生合唱一樣。」

佛弟子聽了聽衆的指責，即刻去稟告釋尊。

釋尊就教誡弟子們說：

「以後大家不要同時出聲，唱誦同樣的法義。有人擅長口才，應該推選他出來才對。」

不久，聽衆反映弘法的人戒行不佳，德薄淺能，嘲笑他說的內容低劣……。佛弟子聽了去稟告釋尊，釋尊又吩咐弟子們：

「凡是諸根不淨，不嚴守戒行者，以後不要向群衆弘法，應該由修行有成就，又有辯才，精通阿含經的人來說法。」

接著，釋尊指示說法的細節，又開始去弘法了。

不久，群衆聽了很受用，感謝之餘紛紛散落香華，表示恭敬。但，佛弟子只接受香華，而不想收下散華。那是因為釋尊警戒在先，出家人不能塗香抹香，和持有香氣的花髮裝飾。

有些民衆開始指責和嘲笑，連散華都不收，未免不夠成熟。釋尊聽了佛弟子的轉告，才允許他們收下：

「只要對方本著歡喜心與至誠心，你們就收下吧。」

不久，一群信徒供養各種資財與袈裟，佛弟子有意拒絕。信徒們見狀又不高興地說？

「這一點小意思都不收，如要布施更好東西，恐怕更見外了。」

釋尊聽了佛弟子的轉告後，才吩咐弟子們：

「如果他真以歡喜心埋怨，誠懇布施財物，實在有必要才收下，不需要就還給他們。」

這樣一來，佛弟子和聽衆之間，存在若干未解決的問題才大致迎刃而解了。

弟子們每隔五天，就聚集群衆，竭力教化，雙方的誤解幾乎沒有了。不料，以後又有人指責法師說話聲音太小，聽不清楚內容。釋尊趕緊吩咐群衆中間設立高座，讓弘法者走上去坐著說法。

不久，又有人反映兩位法師聚集一堂，說話聲音太吵雜，影響聽衆情緒。釋尊又吩咐下去，建造兩座講堂，由兩人在不同地方弘法。不料，聽衆又埋怨這樣來回奔波，使人心惶亂。佛弟子將民衆反應稟告釋尊，釋尊又吩咐不許兩人在同一講堂，也不許兩堂太接近，更不許雙方刻意誘惑聽衆，造成互相憎恨法門的現象。

演講會逐漸發展，聽衆也日漸增多，弘法功效自然收效了。不料，又有聽衆怪罪法師誦經文發出不自然的聲音、音調悲哀，好像在唱俗歌，太強調聲色，和全身擺動的說教方式，未免太低劣了。

釋尊聽了聽衆的反應，又吩咐弟子們要改正弊端，不用低俗歌唱來弘揚高貴的教理。從此以後，釋尊的說法，才不再遭到衆人的非難，反而受到大家的歡迎了。

由此可見，釋尊多麼尊重民意，坦然接受民意的考驗，逐步修改和適應，以至圓滿成功。佛教當年的弘法方式，所以能夠順利展開，顯然歸功於佛陀的民主胸襟，不是一下子就能立竿見影，一定要有誠意和耐心，來奠定民主的運作基礎。

目前，民主政治和思想成爲擋不住的潮流，已經不在話下。不說菲律賓前總統馬可仕，伊朗前總統巴勒維，和巴西前總統柯樂等，在百姓的反對聲浪下下台了，連英國女王伊利莎白二世近日也表示要向民衆說明溝通，扮演一位適應時代潮流的新角色，勇敢地拋棄昔日標榜「藍血人」那種居高臨下的姿態。

更可讚嘆的是，她願意繳所得稅，負擔大部份王室成員的國家俸祿。當然，她也是在民意衝擊下，才會大幅度調整自己的臣民心態，這樣也多少象徵她的思想不僵化，作風不頑強，不再搬出一套似是而非的歪理，迷惑英國百姓，知恥近乎勇，不愧為民主體制的老前輩。

然而，娑婆世界並不是十全十美，所有執政者也不像英國女王那樣識大體，懂時務，有些反而挖盡心思，設計各種新方法，搬出新名詞，讓百姓眼花撩亂，不知所從，造成很奇怪的民主運作，真令人痛心。

國內幸而如火如荼地邁向民主社會，學佛的人都應領悟佛陀的民主智慧，勇敢去參與民主事業，選賢與能，誠如達賴喇嘛所說：「要信任一個說話算數的人。」我想，他才是選票上可以畫圈的人。

有位異教徒問我，民主政治是新時代的弄潮兒，為何扯得上佛教這種老古董？我說民主政治是新名詞，投票選舉也是新玩意兒，但，民主的思想、作風和智慧，早已存在佛教裡了。

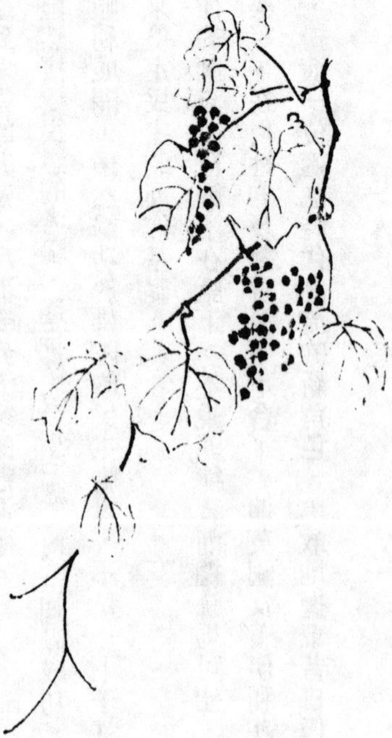

菩提道上見良醫

四、五十年前住在台灣鄉下，沒有人不敬仰醫生，不論中西醫都一樣，在一般人心目中，醫生彷彿「生命的救星」。尤其，在我幼年時代，每次去看病，走進醫院裡，都會好奇和羨慕地東張西望，因為當時還沒有公立醫院，私人醫院就是醫生家裡，以當時的標準來說，醫生家庭的裝飾設備，比起自家的破舊，簡直有天壤之別。在大人眼裡，除了豔羡醫生這個行業賺錢容易以外，也都會尊敬他們的醫術與醫德。毋寧說，那時的醫生們幾乎都好像德高望重、仁心仁術，讓鄉下人敬服得不得了。

誰知社會風氣漸漸改變，人的觀念也跟從前不一樣了。所謂人心不古，在金錢觀方面特別明顯，連醫生也受到感染。

本來，良醫的條件，應該是德術兼備，當年大家敬仰醫生的原因，也基於這個緣故。而今許多醫生和醫院卻輕視醫德醫術。只重圖利，不把「救人一命，勝造七級浮屠」的佛教理念放在眼裡，真是令人痛心。

二十多年前，我還住在台北縣永和鎮，附近就是新建的鎮公所，前後都是一片綠色田野。小女出生不久，有一次，她忽然患病發燒，我和內人輪流抱著到一所公立醫院，只見那位年輕的小兒科醫生，漫不經心地摸摸孩子的身體和頭部，測量一下體溫，接著，就問我們住在那兒？做什麼職業？

當他一聽我們的寓所，距離他住的牯嶺街不太遠，搭乘5路市內車可以直到他家門口下車，他臉上似乎很高興，馬上掏出一張名片給我們，語氣非常親切地說：「你以後不必送到醫院來，晚上到我家裡比較方便，我家裡的醫療設備和藥物都齊全……。」

顯然，他在想拉病人到自家去，而忘了自己的本職是在公立醫院，平時一直利用職務方便，暗中建立自己的人脈，目的只想賺錢，不論他的醫術多麼高明，但動機不好，所以，他一直給我留下極惡劣的印象。之後，孩子生病時，我們再也不去找他看了。

近年來，耳聞國內有些不屑醫院和醫生變本加厲，缺乏職業道德，看錢不看病的作風，簡直令人不齒了。尤其，從開始有勞保以後，他們認單不認人，只希望保單愈多愈好……唉！話從何說起呢。

同樣地，許多朋友從大陸回來，也對那裡的醫療劣行痛罵不已，有些對於國外患者，除了增收數倍費用，還敢將病人的小病看作重病，而且做手術醫治。

例如，香港一名男童因為燙傷腿部，送到深圳某家醫院，醫生見是香港病患，除了不斷向病人家長索取香港服裝及用品外，並將很小一塊傷口施行手術，做成更大一塊傷疤。

另有一位港商去洽談生意，不幸中途遇劫，被斬傷小手指。當他到當地醫院求診時，身上沒多帶點錢，對方不願接納，害他跑遍當地各家醫院，都沒有結果，直等到香港家人送錢到醫院，院方才肯收納，但是，病人手指已經腐爛，只好切除了。可見醫生對病人多麽缺乏道義的責任感。

通常，病人及其家屬上醫院，都會滿腹憂愁，甚至六神無主，只聽醫生怎麽說，都會乖乖聽命，不敢跟眼前的「救星」抗辯，醫生若在這優勢下敲詐，無疑是傷天害理，醫德掃地了。

若干佛經裡，也會談到醫生的心態，那就是佛教醫學的倫理。例如，『佛說藥師如來本願經』裡，提到藥師如來發過十二項大願。其中，第六願是：

「願我來世得菩提時，若諸有情，其身下劣，諸根不具，醜陋頑愚，盲聾瘖瘂，攣躄背僂，白癩顛狂，種種病苦，聞我名字，一切皆得端正黠慧，諸根完具，無諸疾病。」

大意是，不希望見到聾、盲、跛、癩、癲等身病。

第七願是：

「願我來世得菩提時，若諸有情，衆病逼切，無救無歸，無醫無藥，無親無家，貧窮多困，我之名號，一經其耳，衆病悉除，身心安樂，家屬資具，悉皆豐足，乃至證得無上菩提。」

大意是，只要有人為疾病所逼、無依無靠，也無居住時，他會立刻去看顧他們，也會提供給他們居住與醫藥，解除他們的痛苦，讓他們能夠究竟無上的菩提。

這正是佛教的醫道倫理，也是良醫的醫德與心態。

另外，龍樹菩薩在『大智度論』（第廿二卷）上說：

「佛如醫王，法如良藥，僧如護士，戒如服藥與禁忌。」

釋尊教示，醫生、護士和病人等三者要合作，才能治癒身心的病苦，具體地表現佛教的慈悲。依我看，三方面互相諒解和合作的理念，應該能夠挽救今天被荒廢的醫道倫理，也會形成最新倫理的泉源。

許多人說，龍樹的『大智度論』，內容深妙詳細，不失為一本優良的醫學與醫德著作。這部書的原名叫做『摩訶般若波羅蜜經釋論』，屬於『大品般若經』的註釋書。龍樹一面註釋『大品般若經』，一面按每一字句詳述思想、學說、用例和實踐規定。因此，佛教對於良醫的指引有相當豐富的基礎根據。

在『金光明最勝王經』裡，記載一段很精彩深動的故事，足以襯托佛教標榜的醫生形象，也是仁心仁術，德業兼顧，而慈悲心腸更是眼前醫道上最需要的項目。

在寶髻如來佛滅後，有一位天自在光王統治天下，當時，一位長者叫做持水。他是一位精通八項醫術的名醫，同時兼備醫學與醫德。他有一個兒子叫做流水，聰明又有慈悲心。因為他目睹當時流行病猖獗，為了救濟民間苦難，就毅然向父親學醫了。

學成後，持水告誡兒子——流水說：

「你先得有憐憫心，不要計較財利，我已經把醫術都教授給你了，你要去救濟蒼生，以後會得到好果報。」

因為持水知道醫生失去了慈悲，那麼，醫術反會淪為賺錢的工具。

流水來到許多衆生受苦的地方，高聲叫喊：

「我是醫生啊！我有良藥能夠醫好大家的病，你們快來呀，我會給大家治病。」

許多病人擁向前去，身心歡喜，都先後被除去病苦了。他們連聲道謝：

「善哉！善哉！大長者的兒子果然像慈悲菩薩，用妙藥解除我們的病苦。」

從佛經裡發現，釋尊所謂良醫資格，不僅要能醫癒身苦，也要能解除病患的心苦，才算整個生命的究竟治療。這種醫生不僅能開藥方，也能懂病因，會用方便解救。

流水的慈悲心不僅施予人類，也施予其他生命。例如有一天，他發現一個大池塘快要枯乾，魚群奄奄待斃，他趕快率領兩個兒子搬水灌入池塘，散發食物，才讓魚群復活了。他還向魚群表示：「但願你們來生都能得到救渡，不要再出生做魚，我會給你們布施法食。」於是，他進入池塘向一群魚講解大乘經典。

這段故事的主角——持水和流水，是釋尊前世的經歷，藉醫生身份展現慈悲行。

花蓮的慈濟醫院是佛教大德——證嚴法師，本著慈悲心刻苦創建的現代綜合醫院。創辦人是現代觀世音，在她的德行感召下，連醫院作風，醫生與護士們的風範都不同凡響。誠如省衛生處林處長有一次參觀慈濟醫院後，坦述自己的感觸：

「醫院中每一個人的表情，都充滿著歡喜和愛意，確實在宣導感恩心。」

一位患者的女兒，陪母親在慈濟醫院，目睹醫生與護士的親切關懷，和溫柔的說話；也讓她的母親減少很多痛苦。她說一位神經內科醫生為她的母親做檢查時，每當她母親忍不住喊痛，醫生會趕緊說：

「對不起，忍耐點，馬上就好了。」

不久，病人出院後，也投入慈濟醫院當義工，認為那裡是將來台灣醫學界的「良心」存底。

慈濟醫院曾院長說過一句最能打動人心的話，也表示菩提道上的良醫風範，多麼難能可貴。他說：

「我們醫院有三個特色：一是不收保證金；二是委員當義工，把愛心送到病房，讓醫院處處充滿溫暖；三是院內的醫護、行政人員與病人，都能打成一片，受到患者與家屬的歡迎。」

我想，這些特色在全球所有公私立醫院裡，恐怕絕無僅有，也是菩提心落實在人間的真實版本。

一位陳姓的卓越外科醫生，也是虔誠佛教徒，他感慨地說：

「一位外科醫生要兼備醫學、醫術和醫德：尤其要有一顆善良的心，否則，昧著良心操刀，無異在『合法殺人』。在目前重利的價值觀念下，這方面最難培養……三十年前，在醫學院成績得在二十名以內，才有資格進外科，但從五年前起，情勢整個逆轉了，成績優秀學生紛紛湧進別科。因為外科醫生訓練期間長、工作繁重，面對病人生死，責任重大。現在的年輕醫生都不願投身外科，大部份變得勢利而短視了……。」

其實，這位陳姓外科醫生正在國內一所佛教醫院擔任主治醫師。他也是菩提道上的良醫之一，滿懷慈悲在救助苦痛的病人。

每次翻開『慈濟』雜誌，總會讀到一群良醫的心聲，知道佛教的慈悲，也在透過他們的言行，點點滴滴散發在國內唯利是圖的環境裡，頗能令學佛的人鼓舞與歡喜。

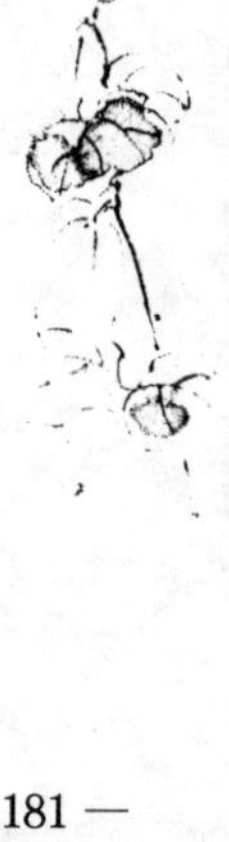

佛笑因緣

自幼到今，我參訪過佛教寺廟，總數恐怕超過百間以上。我瞻仰過的佛像，不論立像、坐像、倚像或臥像，都呈現莊嚴法相，慈眉善目，反而絕少看到佛的笑像，也許我孤陋寡聞。同樣地，我讀過幾百篇佛經故事，其中，也極少發現佛笑的記載。近日，我居然從佛經裡讀到幾篇佛笑故事，內容給我留下深刻的啟示。從此發覺佛笑不會無緣無故，誠如侍候釋尊身邊的阿難尊者所說，佛笑總會有緣故。所以，阿難每逢佛陀微笑時，從來不肯放棄機會，他愛打破沙鍋問到底，佛笑的原因何在？

現在，我把四篇佛笑因緣的大意說明於下：

『六度集經第六』上說，佛陀住在祇園精舍時，一天，他經過某村，看見一個老人一面拿著魚叫賣，一面悲嘆說，自己的兒子無辜被殺，為了生活，只好出來賣魚。佛聽了難得一笑。走了片刻，目睹一頭大豬，不自覺全身骯髒，醜陋奇怪，反而若無其事地，大搖大擺走著，佛也不禁笑了起來。

阿難看見，立刻恭敬地問佛笑兩次，道理何在？

佛答說，有三個因緣發笑。第一，要用那個老人的愚蠢，來教化大衆。因為老人前世殺害許多生靈，沒有憐憫心，自己的罪業嫁禍到兒子身上，今世才遭到喪子之痛。可惜，老人哀傷無補於事，佛才笑他的愚蠢。

古代有一位飛行皇帝，威勢極強，奈因傲慢成性，剛愎自用，今世才投生做老人，靠賣魚過日子。

天人有八十億四千萬劫的悠久壽命，卻愛執著於空，不懂無空的道理，待天福享盡，就受罪做魚，被裝進老人的簍子裡。

佛談到自己前世修行佛道時，有一個鄰居常做壞事，沈迷鬼術、殺生、女色和飲酒，如今成了骯髒的豬身，嚐到畜生的悲哀，以上是佛笑的理由。

『根本說一切有部毘奈耶葯事第八』裡，也提到佛離開王舍城，正往多根樹村時，目睹一個婦人手上拿著一包炒麥粉，她感嘆佛的姿態，彷彿陽光四射，也像寶山那樣莊嚴美妙；而不敢將手上粗糙的炒麥粉供養。

佛洞悉她的心意，托缽靠近她說：「無妨，你放進缽裡來吧。」她才敢把大麥粉放進缽裡。

佛接受後，微微一笑。阿難看到了，合掌問佛什麼緣故？佛解釋說：「那個婦人滿懷信心，布施自己討來的炒麥粉，基於這個善根，她會享有十二劫的漫長天壽，最後得到獨覺之悟，名為善願。」

不料，這個風聲傳出去，帶來一陣困擾。她的丈夫跑來責問佛陀，少許的炒麥粉供養和布施，怎可能得到這樣龐大的果報呢？不是撒謊騙人嗎？

佛舉出一株拏瞿陀樹來說明，因為這棵樹的樹蔭下，能停留五百輛馬車，其實，它的種子只有四分之一芥子大。微小的種子，只好選擇最好時機，播種在沃土上，獲得充分陽光和雨水，也能長大成巨木。

『菩薩本行經卷上』裡，提到一個牧羊人，看見佛在大熱天，忙著出外弘法，未免太辛苦。他想搜集路旁的草，做一把傘，獻給佛戴在頭上，但是，在他不注意時，羊群走遠去，他很擔心，趕快把傘丟在地上回去了。

佛看見了，不禁微笑。阿難眼快看見，馬上問佛笑的原因。佛慢條斯理地答說：「那個牧羊人做草傘獻給佛，他因為這件功德，可以投生天界，自然有七寶傘覆蓋。後來，他出家成緣覺，名叫阿耨婆達，而且也開悟了。」

另一篇出在『大藏經卷七』『大方等大集經』，原來，諸法實相，是不生不滅的真空，雖然，無法用文字、名詞或言語說出來，但也要給予名稱。用語言為衆生講解，便於他們得到解脫。這事最困難不過了，情形好像百由旬的大火在燃燒，有人揹著乾草往前走，經過火勢裡，連一片葉子也沒燒到一樣。此事非常不容易，但是，佛也跟這個一樣，雖然擁有八萬種法的總名，和語言的草，但是，他嘗試進入諸法的真實相裡，而不讓執著的火花燒到，通行無阻。顯然，這事相當困難，才讓佛笑了起來。

總之，世間的笑有各種因緣。有人歡喜才笑，有人憤怒才笑。有人輕蔑別人才會笑，有人目睹難得的事情也會笑。甚至有人看見難為情的事也發笑，有人觀賞特殊地區的奇風異俗也會笑，也有人遭遇絕無僅有的難處也會笑。

我在想，佛若看見世人懂得無常，然後珍惜難得人生，藉此好好行善，一定會會心一笑；佛若看見大家明白業報，不敢為非作歹，怕有惡報時，也會歡喜地笑；佛若發現眾生知曉苦惱來源，竟是愚痴無明，然後實踐佛教，追求智慧時，也會開心地笑；佛若了解世人都習慣禪定，得到正見，不再起妄念邪見時，更會安慰地笑。

相反地，我也在尋思，佛不笑的因緣，很可能是眾生不知緣起，生活苦惱；昧於實相、執著於空，淪於妄執，而叫苦呻吟，驚慌無奈……。

總之，學佛人要從佛笑因緣裡，領悟快樂的人生，和佛教智慧，才不失為理智的佛門弟子。原因是，佛的舉手投足，和喜怒憂樂，都有極深刻的教育涵義，彷佛一顆善良種子，含在我們的福田萌芽成長一樣。

執迷不悟——省籍情結

國內每逢選舉季節，就傳聞省籍問題，實在無聊。大家共同生活到半個世紀，部份人還舊話重提，顯然不懷好意，其心可誅，也犯了妄語罪，當心有口與意兩大業報。

我讀小學時，社會上說國語風氣不太普遍，那時的確存在些省籍情結。我上了四年級，級任老師來自大陸廣東省，道地外省人，國語說得呱呱叫，但發音不標準。儘管如此，師生相處不受絲毫影響。說真的，學校裡，沒有分什麼本省或外省老師。

我上了國中，剛巧大陸淪陷，班上很快來了大批外省籍軍眷子弟，同學一塊兒上課，也一塊兒玩樂，心裡沒有任何省籍和語言隔閡。從小學起到大學畢業，我不知遇到多少外省同學和老師，也感覺不到什麼省籍情結。反倒在當兵和公家機關服務時，存在「黨籍」歧視，因為我不肯入黨，屬於「非我族類」，常在他們黨員小組會議裡，被評論和監視，讓我從心底就厭憎極了。

但從報紙上，偶而讀到八年抗戰的浴血犧牲，才將台灣從殖民地的奴役生活解救出來，故台灣人要感激外省人，尤其，光復節最常聽到這段刻意宣傳，而本省人卻說外省人被共產黨打敗，才逃來台灣，幸虧我們養活他們……。我心想，這些都是不應有，不該談，也最無聊的負面話題了。

屈指一算，歲月不饒人，轉眼四十幾年過去，當初年輕來到台灣的外省軍民，現在都垂垂老矣。若真想落葉歸根，返回出生地定居，眼前也隨時有機會，事實上，只有極少人採取這種行動，可見統統都成了台灣人。

大家共同生活在同一塊土地上，呼吸同一塊地理的空氣，擁有同一塊地區的山川資源，享受同一個社會的經濟成果——這是本省人與外省人，一齊從農業起步，經過工商發展，到達空前繁榮，共同創造出來的。也就是說，彼此都一起度過艱苦歲月，才打拚出來的成果。如果套用一句現代術語，大家都有共同語言，人生目標，價值觀與同甘共苦的生活體驗，儼然形成命運共同體，不就是共同業因，才能同享寶島上的美麗山河與器物？

這即是佛教的「共業」，豈能任由野心人士扭轉為政爭工具？譬如一夥人同搭在一艘船上，平時也許偶有爭吵，意氣用事，但在茫茫海上航行，一旦遇到暴風雨，還在你推我擠，不肯息爭止怨，一齊穩住船身，聽從舵手的話時，恐怕會凶多吉少，統統都要葬身海底，誰也休想得救，這時還有什麼好爭呢？

大陸淪陷時，的確有好幾百萬軍民驚慌逃來，那是迫不得已。之後天天想回去，年年要反攻，卻始終不能如願，可見他們不是存心來搶地盤，或刻意來佔領。既然大家千里迢迢來相聚，也是三生有幸的良緣，切勿意氣用事，將它歪曲成逆緣，讓親者痛，仇者快，這樣會失去結緣的正面意義。佛教所謂「萬法唯心造」，強調因緣的好壞，存於我們的一心，若肯創造善因，運用善緣，自然會有善果。那麼，和諧、融合和互相扶持，就等於善因。反之，相煎太急，翻臉成仇，就成為惡因惡緣了。

事實上，現在民間的省籍情結，等於無的放矢。好像我有兩位侄女，二十年前都嫁給外省籍的阿兵哥。另外三位堂侄剛巧都娶了外省妻子，如今大家都兒女成群，快做爺爺奶奶，不知那群年輕晚輩屬於那一省籍呢？妄喊省籍意識或情結，除了居心不良，胡言妄語，不怕業報，是否在官場潛伏？那就不得而知了。

每次翻閱佛光山和慈濟功德會的雜誌，目睹星雲大師和證嚴法師身邊，層層圍著本省人和外省人，包括官員、董事長、教授、學生和老百姓，他們那有什麼省籍意念？統統都是三寶弟子和菩薩道侶，讓我有說不出的感動，也猛然領悟：佛教超越種族、語言、性別……等界限，沒有省籍情結，也當然不在話下。

在古代的印度社會裡，四姓不平等，階級壁壘，而佛教用平等智來面對。『長阿含小緣經』裡，釋尊對兩個婆羅門——婆悉吒和婆羅墮——開示，四姓絕對平等，沒有高低優劣，那是俗法。

反之，世上只有好人和壞人，善行與惡行，誰若肯行善，就是好人，不管他出身那個種姓或那個層級，同樣地，誰若幹壞事，不管他的身份與地位，都是惡因惡果。眼前，外省人與本省人何嘗例外？如果不做善事，口行不善，心存不義，都該懲罰，都該責備。

平等智屬於佛教的重要特色之一，它包括平等大悲和平等大慧。只有依照這項智慧，才能了解一切事相與自他皆平等，繼而生起大慈大悲之心。學佛的人，尤其不能忽視它。佛地論卷三記載，觀照自己和他人，一切皆平等，大慈大悲永遠相互契合，從無間斷，才能建立佛地「無住涅槃」。

因此，平等智是對付省籍情結最好的武器，也是社會和諧的潤滑劑。現在世上有許多紛爭，族裔歧視也是其中之一，如果政府肯用佛教的平等智，那才是最圓滿、最徹底的解決辦法，放諸四海而皆準，應該由聯合國負責實踐，才能保障世界永久和平。

四十多年來，台灣真正在安定中進步了，而這種安定時期是意外地難得，少有的機會，堪稱一種福報。既得福報，就要珍惜，還得再造更多福，豈可任意糟蹋？百論卷上記載：

「福報滅時，離所樂事，生大憂苦。」

所以，惜福造福才是今後國人共同恪守的價值觀。

總之，執著省籍情結，是最不明智，也最有破壞性的心態。今天大家豐衣足食，什麼也不缺，外省人和本省人都有血汗功勞與苦勞，還有什麼好分的呢？

輪迴的印證——前世存在說

我常常跟異教徒談論佛法，都難免提到輪迴或投胎轉世。在以往的經驗裡，這是一個很難講，又不得不講的問題。即使勉為其難，將自己所懂的傾吐出來，也很難令對方滿意，有時，反而引發對方更多的疑問。

但是，在這幾年裡，我也聽過兩位善知識約略提到輪迴。例如有一次，在法印寺聆聽葉曼居士幽幽地說過：「諸位桌上的魚鴨肉，也許幾世以前是你的好友或兒女……。」讓在場聽衆頓時表情凝重，深深領悟輪迴的存在。

另一次在一位心理醫生李博士的診所，我去邀請他給幾位佛教徒講經，他不僅是有修行的佛友，也在臨床心理治療方面有豐富的心得，曾在國內「張老師服務中心」待過許多年。那次也聽他提到自己曾用輪迴觀點，治癒幾個美國人的心理痼疾。可惜，我忘了他說的診斷詳情，但從那以後，我就很注意精神科和心理科醫生對輪迴的應用報告，不斷想從那群專業醫生口裡得到更多與更精彩的發現。

果然，前日報載一件大好消息，正是我期待已久，一直想知道有關輪迴的報導，讓我讀了非常過癮。

大字標題是——「催眠喚起前世的記憶，能夠用來治癒痼疾——。」這使我立刻想到，這種治療法若能形成一種新趨勢，必能呼應佛教的輪迴說，彰顯佛陀的智慧，讓世人明白他早在二千五百多年前，就講過輪迴的事情。

曾幾何時，美國就有些精神科醫生小心翼翼地指出，一個人目前的疾病，極可能跟他幾千年前的前世經驗相關聯。如果採用某種特殊催眠法，也許能讓病人憶起前輩子的經歷。這樣，就能將他的病因根除，使他的痼疾豁然治癒了。

目前，的確有一群精神科醫生在默默地開發這種催眠法了。他們也敢肯定病人若了解自己的前世，那麼，他不僅能夠提升對人生的領悟，也能解決不少頑久不癒的疾病——偏頭痛、恐懼症、焦慮症、腰痛、氣喘和惡性腫瘤等症。

事實上，有些醫生也已經透過催眠術，將病人的意識狀態帶回到他的前世，讓他回憶自己幾輩子前的經歷。可惜的是，醫生們都忽略這一類特殊景象，不肯公佈診療的詳情，深怕自己的名譽受損。原因是，一般社會大衆目前還不能接受前世存在說，那麼，這樣反而易讓人誤解精神科醫生自己的精神才有問題。

在美國邁阿密西奈山醫院，有一位名叫保萊安的精神科醫生，綜合五百多個個案，大膽地著書立說，向世人提出一種嶄新的治療法，那就是讓病人肯定有前世存在……。

這位醫生的成就，大大地鼓勵了同行的追隨與附和。這種趨勢結合幾年前的研究報告

——曾對死去復活，或接近死亡而未死的病人經驗。不過，保萊安這次的研究成果，比以前豐碩多了。原因是，一般人都能經催眠而進入前世。不過，話又說回來，也有些特殊滋味不是人人都能嚐得到，例如意外或疾病死而復活，以及將死而未死等情況。

保萊安醫生預測，在未來五年或十年裡，將會有更多醫生去開發與肯定前世存在的事實，同時，也會廣泛利用這套技術來醫病。尤其可以判定的是，這種現象會像旋風一樣，吹到世界各個角落，並得到廣大群衆的接受。到時候，也會影響世人對信仰宗教的態度。說得明白些，這會引發溫和性的世界宗教革命……我心想，那時，佛教的智慧也能得到印證，而不需要讓弘法的大德，浪費許多口舌來解說輪迴的事實了。同時，世人也會進一步判別正信與邪信，以及各個宗教的層次了。

在洛城，有一位腦科兼精神科的陳醫師，很感性地說過一段話：「我們先不管前世存在對宗教的影響會怎樣，至少可以讓我們看到一個景象——開發世人對自己前世的了解，將會幫助個人更積極地去判識自己人生的一切遭遇，在人類社會裡，也會擁有更樂觀、更健康的個人了。他們也會更快樂地互助合作，共同創造地球上的和平生活。」

在加州弘揚淨土的林鈺堂居士，有一次在弘法會上，被聽衆問到：「為何每個人都不會想到前生是什麼人投胎呢？若有輪迴存在的話。」林居士答說：

「你要能隔了胎，還記得前生的事，那要前輩子在精神方面有很高程度的修為。普通人隔了胎，就忘記了。你要知道一次又一次投胎，不一定都出生做人。有時做人、有時做牛做馬。有時投胎到很低層次，要再上來，就很不容易。有的人生來就曉得前世的事，而有的人修了以後，被世間粗重觀念綁得少，也知道以前是怎麼樣。」

林居士還提到他的恩師——陳健民的師傅親自喇嘛，要走時告訴管家說，三年後到那一家庭來接我。那個家庭的媽媽先夢見這位師傅拿著一根杵子走來，表示要生做男孩。後來，他果然如願轉世到那個家庭了。

在佛法裡，輪迴是不容否認的事實，其中牽涉到因果業報。有的出生為人，有的生做動物，有的生做鬼。有的人生來快樂幸福，有的人生來坎坷波折，這些複雜高低的出生，都是多生多世以來身、口、意的結果。這輩子所做的身口意等業因，又造成將來的果報。這樣一直輪迴下去沒完沒了，也是很痛苦的事。所以，佛菩薩指出這個現象後，同時教我們怎樣從輪迴的圈子裡跳出來？也就是解脫的方法。

有人說，輪迴思想符合科學，例如植物被蟲吃掉，它的生命就變成蟲的生命，蟲被鳥吃掉，牠的生命，就變成鳥的生命，鳥被人吃掉，牠的生命，就成了人的生命，人死後變成植物的營養，自然成了植物的生命，然而，這只是物質循環，而日本一位佛學者——定方敎授，堅持輪迴屬於精神的循環，所以，世人的精神在各類物質生命裡輾轉運行。

其實，這些論點都不符合佛敎的解釋。關於這一點，不妨引用巴利文『彌蘭陀王問經』

一段問答，就可以看得很明白。且說彌蘭陀王詢問一位名叫那先的比丘，說道：「人死後，到底還有什東西能夠出生到下輩子呢？」

那先答說：「精神（名）與肉體身能夠出生到來世。」

國王又問：「死去那個人的精神與肉體再度投生嗎？」

那先答說：「不是，不是原來的精神與肉體，而是他在現世的精神與肉體，在活的時候，所造的善惡會再度出生到下輩子。」

依據那先比丘的說法，精神與肉體在輪迴裡扮演投胎轉世的重要角色。雖然，兩者時刻在變化，但是，以前那副精神與肉體的所作所為，會引起以後的精神與肉體。連貫現世與來世那種因果關係的原因，叫做異熟因或增上緣。

之後，那先又舉出一項有趣的例子來說明。他說：「假定有人到別人的果園偷採水果，被捉到後送去見國王。不料，小偷強辯自已沒偷採，因為園主人當初種的是小樹苗，而不是種果實，所以，現在不算偷採，也沒有犯罪。那先反問國王，小偷到底有沒有犯罪呢？國王答說有。原因是，當初果園主人先種樹苗，才會長出樹根，最後才結出果實。結論是，人的出生也一樣，先在現世裡，有精神與肉體的善惡行為，才會投生到來世，而根本在現世的善惡行為。」

對於佛教徒來說，要解釋輪迴思想很容易，但對於異教徒就很困難了。因為佛教主張無我，既然沒有自我，那麼又有什麼好輪迴呢？所以，無我與輪迴的關係，不是三言兩語能夠解說清楚。

幸而有現代的專業醫生們，經過特殊的催眠術，逐漸證明前世的存在無疑是科學界與宗教界的一大突破。尤其，值得重視的是，這種發現對於世人的行為有極大的影響力量，縱使科學家還沒有能力進一步指出投胎轉世的詳情，至少讓學佛的人聽了，可以享受極豐盛的喜悅，知道自己的信仰選擇多麼正確，又多麼有福報。

但也別忘了學佛的目的，在超越輪迴，前往更殊勝的所在，也成為更幸福的人。請誦讀『法句經』的偈語：

「超越泥濘崎嶇道，並踰愚癡輪迴海，得渡彼岸住禪定，無欲而又無疑惑，無著證涅槃寂靜——我稱彼為婆羅門。」（四一四）

大展出版社有限公司	圖書目錄

地址：台北市北投區11204
致遠一路二段12巷1號
郵撥： 0166955～1
電話：（02）8236031
8236033
傳眞：（02）8272069

・法律專欄連載・電腦編號58

台大法學院 法律學系／策劃
法律服務社／編著

①別讓您的權利睡著了[1]	180元
②別讓您的權利睡著了[2]	180元

・婦 幼 天 地・電腦編號16

①八萬人減肥成果	黃靜香譯	150元
②三分鐘減肥體操	楊鴻儒譯	130元
③窈窕淑女美髮秘訣	柯素娥譯	130元
④使妳更迷人	成　玉譯	130元
⑤女性的更年期	官舒姸編譯	130元
⑥胎內育兒法	李玉瓊編譯	120元
⑦愛與學習	蕭京凌編譯	120元
⑧初次懷孕與生產	婦幼天地編譯組	180元
⑨初次育兒12個月	婦幼天地編譯組	180元
⑩斷乳食與幼兒食	婦幼天地編譯組	180元
⑪培養幼兒能力與性向	婦幼天地編譯組	180元
⑫培養幼兒創造力的玩具與遊戲	婦幼天地編譯組	180元
⑬幼兒的症狀與疾病	婦幼天地編譯組	180元
⑭腿部苗條健美法	婦幼天地編譯組	150元
⑮女性腰痛別忽視	婦幼天地編譯組	130元
⑯舒展身心體操術	李玉瓊編譯	130元
⑰三分鐘臉部體操	趙薇妮著	120元
⑱生動的笑容表情術	趙薇妮著	120元
⑲心曠神怡減肥法	川津祐介著	130元
⑳內衣使妳更美麗	陳玄茹譯	130元

・青 春 天 地・電腦編號17

①A血型與星座	柯素娥編譯	120元

②B血型與星座	柯素娥編譯	120元
③O血型與星座	柯素娥編譯	120元
④AB血型與星座	柯素娥編譯	120元
⑤青春期性教室	呂貴嵐編譯	130元
⑥事半功倍讀書法	王毅希編譯	130元
⑦難解數學破題	宋釗宜編譯	130元
⑧速算解題技巧	宋釗宜編譯	130元
⑨小論文寫作秘訣	林顯茂編譯	120元
⑩視力恢復！超速讀術	江錦雲譯	130元
⑪中學生野外遊戲	熊谷康編著	120元
⑫恐怖極短篇	柯素娥編譯	130元
⑬恐怖夜話	小毛驢編譯	130元
⑭恐怖幽默短篇	小毛驢編譯	120元
⑮黑色幽默短篇	小毛驢編譯	120元
⑯靈異怪談	小毛驢編譯	130元
⑰錯覺遊戲	小毛驢編譯	130元
⑱整人遊戲	小毛驢編譯	120元
⑲有趣的超常識	柯素娥編譯	130元
⑳哦！原來如此	林慶旺編譯	130元
㉑趣味競賽100種	劉名揚編譯	120元
㉒數學謎題入門	宋釗宜編譯	150元
㉓數學謎題解析	宋釗宜編譯	150元
㉔透視男女心理	林慶旺編譯	120元
㉕少女情懷的自白	李桂蘭編譯	120元
㉖由兄弟姊妹看命運	李玉瓊編譯	130元
㉗趣味的科學魔術	林慶旺編譯	150元
㉘趣味的心理實驗室	李燕玲編譯	150元
㉙愛與性心理測驗	小毛驢編譯	130元
㉚刑案推理解謎	小毛驢編譯	130元
㉛偵探常識推理	小毛驢編繹	130元

•健 康 天 地•電腦編號18

①壓力的預防與治療	柯素娥編譯	130元
②超科學氣的魔力	柯素娥編譯	130元
③尿療法治病的神奇	中尾良一著	130元
④鐵證如山的尿療法奇蹟	廖玉山譯	120元
⑤一日斷食健康法	葉慈容編譯	120元
⑥胃部強健法	陳炳崑譯	120元
⑦癌症早期檢查法	廖松濤譯	130元

⑧老人痴呆症防止法	柯素娥編譯	130元
⑨松葉汁健康飲料	陳麗芬編譯	130元

•超現實心理講座•電腦編號22

①超意識覺醒法	詹蔚芬編譯	130元
②護摩秘法與人生	劉名揚編譯	130元
③秘法！超級仙術入門	陸　明譯	150元

•心 靈 雅 集•電腦編號00

①禪言佛語看人生	松濤弘道著	150元
②禪密教的奧秘	葉逯謙譯	120元
③觀音大法力	田口日勝著	120元
④觀音法力的大功德	田口日勝著	120元
⑤達摩禪106智慧	劉華亭編譯	150元
⑥有趣的佛教研究	葉逯謙編譯	120元
⑦夢的開運法	蕭京凌譯	130元
⑧禪學智慧	柯素娥編譯	130元
⑨女性佛教入門	許俐萍譯	110元
⑩佛像小百科	心靈雅集編譯組	130元
⑪佛教小百科趣談	心靈雅集編譯組	120元
⑫佛教小百科漫談	心靈雅集編譯組	150元
⑬佛教知識小百科	心靈雅集編譯組	150元
⑭佛學名言智慧	松濤弘道著	180元
⑮釋迦名言智慧	松濤弘道著	180元
⑯活人禪	平田精耕著	120元
⑰坐禪入門	柯素娥編譯	120元
⑱現代禪悟	柯素娥編譯	130元
⑲道元禪師語錄	心靈雅集編譯組	130元
⑳佛學經典指南	心靈雅集編譯組	130元
㉑何謂「生」　阿含經	心靈雅集編譯組	130元
㉒一切皆空　般若心經	心靈雅集編譯組	130元
㉓超越迷惘　法句經	心靈雅集編譯組	130元
㉔開拓宇宙觀　華嚴經	心靈雅集編譯組	130元
㉕真實之道　法華經	心靈雅集編譯組	130元
㉖自由自在　涅槃經	心靈雅集編譯組	130元
㉗沈默的教示　維摩經	心靈雅集編譯組	130元
㉘開通心眼　佛語佛戒	心靈雅集編譯組	130元
㉙揭秘寶庫　密教經典	心靈雅集編譯組	130元
㉚坐禪與養生	廖松濤譯	110元

㉛釋尊十戒	柯素娥編譯	120元
㉜佛法與神通	劉欣如編著	120元
㉝悟（正法眼藏的世界）	柯素娥編譯	120元
㉞只管打坐	劉欣如編譯	120元
㉟喬答摩・佛陀傳	劉欣如編著	120元
㊱唐玄奘留學記	劉欣如編譯	120元
㊲佛教的人生觀	劉欣如編譯	110元
㊳無門關（上卷）	心靈雅集編譯組	150元
㊴無門關（下卷）	心靈雅集編譯組	150元
㊵業的思想	劉欣如編著	130元
㊶		

・經營管理・電腦編號01

◎創新經營管理六十六大計（精）	蔡弘文編	780元
①如何獲取生意情報	蘇燕謀譯	110元
②經濟常識問答	蘇燕謀譯	130元
③股票致富68秘訣	簡文祥譯	100元
④台灣商戰風雲錄	陳中雄著	120元
⑤推銷大王秘錄	原一平著	100元
⑥新創意・賺大錢	王家成譯	90元
⑦工廠管理新手法	琪　輝著	120元
⑧奇蹟推銷術	蘇燕謀譯	100元
⑨經營參謀	柯順隆譯	120元
⑩美國實業24小時	柯順隆譯	80元
⑪撼動人心的推銷法	原一平著	120元
⑫高竿經營法	蔡弘文編	120元
⑬如何掌握顧客	柯順隆譯	150元
⑭一等一賺錢策略	蔡弘文編	120元
⑮世界經濟戰爭	約翰・渥洛諾夫著	120元
⑯成功經營妙方	鐘文訓著	120元
⑰一流的管理	蔡弘文編	150元
⑱外國人看中韓經濟	劉華亭譯	150元
⑲企業不良幹部群相	琪輝編著	120元
⑳突破商場人際學	林振輝編著	90元
㉑無中生有術	琪輝編著	140元
㉒如何使女人打開錢包	林振輝編著	100元
㉓操縱上司術	邑井操著	90元
㉔小公司經營策略	王嘉誠著	100元
㉕成功的會議技巧	鐘文訓編譯	100元
㉖新時代老闆學	黃柏松編著	100元

㉗如何創造商場智囊團	林振輝編譯	150元
㉘十分鐘推銷術	林振輝編譯	120元
㉙五分鐘育才	黃柏松編譯	100元
㉚成功商場戰術	陸明編譯	100元
㉛商場談話技巧	劉華亭編譯	120元
㉜企業帝王學	鐘文訓譯	90元
㉝自我經濟學	廖松濤編譯	100元
㉞一流的經營	陶田生編著	120元
㉟女性職員管理術	王昭國編譯	120元
㊱ＩＢＭ的人事管理	鐘文訓編譯	150元
㊲現代電腦常識	王昭國編譯	150元
㊳電腦管理的危機	鐘文訓編譯	120元
㊴如何發揮廣告效果	王昭國編譯	150元
㊵最新管理技巧	王昭國編譯	150元
㊶一流推銷術	廖松濤編譯	120元
㊷包裝與促銷技巧	王昭國編譯	130元
㊸企業王國指揮塔	松下幸之助著	120元
㊹企業精銳兵團	松下幸之助著	120元
㊺企業人事管理	松下幸之助著	100元
㊻華僑經商致富術	廖松濤編譯	130元
㊼豐田式銷售技巧	廖松濤編譯	120元
㊽如何掌握銷售技巧	王昭國編著	130元
㊾一分鐘推銷員	廖松濤譯	90元
㊿洞燭機先的經營	鐘文訓編譯	150元
51ＩＢＭ成功商法	巴克・羅傑斯著	130元
52新世紀的服務業	鐘文訓編譯	100元
53成功的領導者	廖松濤編譯	120元
54女推銷員成功術	李玉瓊編譯	130元
55ＩＢＭ人才培育術	鐘文訓編譯	100元
56企業人自我突破法	黃琪輝編著	150元
57超級經理人	羅拔・海勒著	100元
58財富開發術	蔡弘文編著	130元
59成功的店舖設計	鐘文訓編著	150元
60靈巧者成功術	鐘文訓編譯	150元
61企管回春法	蔡弘文編著	130元
62小企業經營指南	鐘文訓編譯	100元
63商場致勝名言	鐘文訓編譯	150元
64迎接商業新時代	廖松濤編譯	100元
65透視日本企業管理	廖松濤　譯	100元
66新手股票投資入門	何朝乾　編	150元
67上揚股與下跌股	何朝乾編譯	150元

⑱股票速成學	何朝乾編譯	180元
⑲理財與股票投資策略	黃俊豪編著	180元
⑳黃金投資策略	黃俊豪編著	180元
㉑厚黑管理學	廖松濤編譯	180元
㉒股市致勝格言	呂梅莎編譯	180元
㉓透視西武集團	林谷燁編譯	150元
㉔推銷改變我的一生	柯素娥　譯	120元
㉕推銷始於被拒	盧媚璟　譯	120元
㉖巡迴行銷術	陳蒼杰譯	150元
㉗推銷的魔術	王嘉誠譯	120元
㉘60秒指導部屬	周蓮芬編譯	150元
㉙精銳女推銷員特訓	李玉瓊編譯	130元
㉚企劃、提案、報告圖表的技巧	鄭　汶　譯	180元
㉛海外不動產投資	許達守編譯	150元
㉜八百伴的世界策略	李玉瓊譯	150元
㉝服務業品質管理	吳宜芬譯	180元
㉞零庫存銷售	黃東謙編譯	150元
㉟三分鐘推銷管理	劉名揚編譯	150元
㊱推銷大王奮鬥史	原一平著	150元
㊲豐田汽車的生產管理	林谷燁編譯	元

・成功寶庫・ 電腦編號02

①上班族交際術	江森滋著	100元
②拍馬屁訣竅	廖玉山編譯	110元
③一分鐘適應法	林曉陽譯	90元
④聽話的藝術	歐陽輝編譯	110元
⑤人心透視術	多湖輝著	100元
⑥克服逆境的智慧	廖松濤　譯	100元
⑦不可思議的人性心理	多湖輝　著	120元
⑧成功的人生哲學	劉明和　譯	120元
⑨求職轉業成功術	陳　義編著	110元
⑩上班族禮儀	廖玉山編著	120元
⑪接近心理學	李玉瓊編著	100元
⑫創造自信的新人生	廖松濤編著	120元
⑬卡耐基的人生指南	林曉鐘編譯	120元
⑭上班族如何出人頭地	廖松濤編著	100元
⑮神奇瞬間瞑想法	廖松濤編譯	100元
⑯人生成功之鑰	楊意苓編著	150元
⑰當一個享受成功的人	戴恆雄編著	100元
⑱潛在心理術	多湖輝　著	100元

⑲給企業人的諍言	鐘文訓編著	120元
⑳企業家自律訓練法	陳　義編譯	100元
㉑上班族妖怪學	廖松濤編著	100元
㉒猶太人縱橫世界的奇蹟	孟佑政編著	110元
㉓訪問推銷術	黃静香編著	130元
㉔改運的秘訣	吳秀美　譯	120元
㉕你是上班族中強者	嚴思圖編著	100元
㉖向失敗挑戰	黃静香編著	100元
㉗成功心理學	陳蒼杰　譯	100元
㉘墨菲成功定律	吳秀美　譯	130元
㉙機智應對術	李玉瓊編著	130元
㉚成功頓悟100則	蕭京凌編譯	130元
㉛掌握好運100則	蕭京凌編譯	110元
㉜知性幽默	李玉瓊編譯	130元
㉝熟記對方絕招	黃静香編譯	100元
㉞男性成功秘訣	陳蒼杰編譯	130元
㉟超越巔峯者	C・加菲爾德著	130元
㊱業務員成功秘方	李玉瓊編著	120元
㊲察言觀色的技巧	劉華亭編著	130元
㊳一流領導力	施義彥編譯	120元
㊴一流說服力	李玉瓊編著	130元
㊵30秒鐘推銷術	廖松濤編譯	120元
㊶猶太成功商法	周蓮芬編譯	120元
㊷尖端時代行銷策略	陳蒼杰編著	100元
㊸顧客管理學	廖松濤編著	100元
㊹如何使對方說Yes	程　羲編著	150元
㊺如何提高工作效率	劉華亭編著	150元
㊻企業戰術必勝法	黃静香編著	130元
㊼上班族口才學	楊鴻儒譯	120元
㊽上班族新鮮人須知	程　羲編著	120元
㊾如何左右逢源	程　羲編著	130元
㊿語言的心理戰	多湖輝著	130元
⑤①扣人心弦演說術	劉名揚編著	120元
⑤②八面玲瓏成功術	陳　羲譯	130元
⑤③如何增進記憶力、集中力	廖松濤譯	130元
⑤④頂尖領導人物	陳蒼杰譯	120元
⑤⑤性惡企業管理學	陳蒼杰譯	130元
⑤⑥自我啟發200招	楊鴻儒編著	150元
⑤⑦做個傑出女職員	劉名揚編著	130元
⑤⑧靈活的集團營運術	楊鴻儒編著	120元
⑤⑨必勝交涉強化法	陳蒼杰譯	120元

⑥⓪個案研究活用法	楊鴻儒編著	130元
⑥①企業教育訓練遊戲	楊鴻儒編著	120元
⑥②管理者的智慧	程　義編譯	130元
⑥③做個佼佼管理者	馬筱莉編譯	130元
⑥④智慧型說話技巧	沈永嘉編譯	130元
⑥⑤歌德人生箴言	沈永嘉編譯	150元
⑥⑥活用佛學於經營	松濤弘道著	150元
⑥⑦活用禪學於企業	柯素娥編譯	130元
⑥⑧詭辯的智慧	沈永嘉編譯	130元
⑥⑨幽默詭辯術	廖玉山編譯	130元
⑦⓪拿破崙智慧箴言	柯素娥編譯	130元
⑦①自我培育・超越	蕭京凌編譯	150元
⑦②深層心理術	多湖輝著	130元
⑦③深層語言術	多湖輝著	130元
⑦④時間即一切	沈永嘉編譯	130元
⑦⑤自我脫胎換骨	柯素娥譯	150元
⑦⑥贏在起跑點—人才培育鐵則	楊鴻儒編譯	150元
⑦⑦做一枚活棋	李玉瓊編譯	130元
⑦⑧面試成功戰略	柯素娥編譯	130元
⑦⑨自我介紹與社交禮儀	柯素娥編譯	130元
⑧⓪說NO的技巧	廖玉山編譯	130元
⑧①瞬間攻破心防法	廖玉山編譯	120元
⑧②改變一生的名言	李玉瓊編譯	130元
⑧③性格性向創前程	楊鴻儒編譯	130元
⑧④訪問行銷新竅門	廖玉山編譯	150元
⑧⑤無所不達的推銷話術	李玉瓊編譯	150元

・處 世 智 慧・電腦編號03

①如何改變你自己	陸明編譯	90元
②人性心理陷阱	多湖輝著	90元
③面對面的心理戰術	多湖輝著	90元
④幽默說話術	林振輝編譯	120元
⑤讀書36計	黃柏松編譯	110元
⑥靈感成功術	譚繼山編譯	80元
⑦如何使人對你好感	張文志譯	110元
⑧扭轉一生的五分鐘	黃柏松編譯	100元
⑨知人、知面、知其心	林振輝譯	110元
⑩現代人的詭計	林振輝譯	100元
⑪怎樣突破人性弱點	摩　根著	90元
⑫如何利用你的時間	蘇遠謀譯	80元

⑬口才必勝術	黃柏松編譯	120元
⑭女性的智慧	譚繼山編譯	90元
⑮如何突破孤獨	張文志編譯	80元
⑯人生的體驗	陸明編譯	80元
⑰微笑社交術	張芳明譯	90元
⑱幽默吹牛術	金子登著	90元
⑲攻心說服術	多湖輝著	100元
⑳當機立斷	陸明編譯	70元
㉑勝利者的戰略	宋恩臨編譯	80元
㉒如何交朋友	安紀芳編著	70元
㉓鬥智奇謀（諸葛孔明兵法）	陳炳崑著	70元
㉔慧心良言	亦　奇著	80元
㉕名家慧語	蔡逸鴻主編	90元
㉖金色的人生	皮爾著	80元
㉗稱霸者啟示金言	黃柏松編譯	90元
㉘如何發揮你的潛能	陸明編譯	90元
㉙女人身態語言學	李常傳譯	100元
㉚摸透女人心	張文志譯	90元
㉛現代戀愛秘訣	王家成譯	70元
㉜給女人的悄悄話	妮倩編譯	90元
㉝行為語言的奧秘	歆夫編譯	110元
㉞如何開拓快樂人生	陸明編譯	90元
㉟驚人時間活用法	鐘文訓譯	80元
㊱成功的捷徑	鐘文訓譯	70元
㊲幽默逗笑術	林振輝著	120元
㊳活用血型讀書法	陳炳崑譯	80元
㊴心　燈	葉于模著	100元
㊵當心受騙	林顯茂譯	90元
㊶心・體・命運	蘇燕謀譯	70元
㊷如何使頭腦更敏銳	陸明編譯	70元
㊸宮本武藏五輪書金言錄	宮本武藏著	100元
㊹厚黑說服術	多湖輝著	90元
㊺勇者的智慧	黃柏松編譯	80元
㊻善意的心理騙術	多湖輝著	75元
㊼成熟的愛	林振輝譯	120元
㊽現代女性駕馭術	蔡德華著	90元
㊾禁忌遊戲	酒井潔著	90元
㊿自我表現術	多湖輝著	100元
51女性的魅力・年齡	廖玉山譯	90元
52摸透男人心	劉華亭編譯	80元
53如何達成願望	謝世輝著	90元

㊹創造奇蹟的「想念法」	謝世輝著	90元
㊺創造成功奇蹟	謝世輝著	90元
㊻男女幽默趣典	劉華亭譯	90元
㊼幻想與成功	廖松濤譯	80元
㊽反派角色的啟示	廖松濤編譯	70元
㊾現代女性須知	劉華亭編著	75元
㊿一分鐘記憶術	廖玉山譯	90元
61機智說話術	劉華亭編譯	100元
62如何突破內向	姜倩怡編譯	110元
63扭轉自我的信念	黃　翔編譯	100元
64讀心術入門	王家成編譯	100元
65如何解除內心壓力	林美羽編著	110元
66取信於人的技巧	多湖輝著	110元
67如何培養堅強的自我	林美羽編著	90元
68自我能力的開拓	卓一凡編著	110元
69求職的藝術	吳秀美編譯	100元
70縱橫交涉術	嚴思圖編著	90元
71如何培養妳的魅力	劉文珊編著	90元
72魅力的力量	姜倩怡編著	90元
73金錢心理學	多湖輝著	100元
74語言的圈套	多湖輝著	110元
75個性膽怯者的成功術	廖松濤編譯	100元
76人性的光輝	文可式編著	90元
77如何建立自信心	諾曼・比爾著	90元
78驚人的速讀術	鐘文訓編譯	90元
79培養靈敏頭腦秘訣	廖玉山編著	90元
80夜晚心理術	鄭秀美編譯	80元
81如何做個成熟的女性	李玉瓊編著	80元
82現代女性成功術	劉文珊編著	90元
83成功說話技巧	梁惠珠編譯	100元
84人生的真諦	鐘文訓編譯	100元
85妳是人見人愛的女孩	廖松濤編著	120元
86精神緊張速解法	F・查爾斯著	90元
87指尖・頭腦體操	蕭京凌編譯	90元
88電話應對禮儀	蕭京凌編著	90元
89自我表現的威力	廖松濤編譯	100元
90名人名語啟示錄	喬家楓編著	100元
91男與女的哲思	程鐘梅編譯	110元
92靈思慧語	牧　風著	110元
93心靈夜語	牧　風著	100元
94激盪腦力訓練	廖松濤編譯	100元

㊮三分鐘頭腦活性法	廖玉山編譯	110元
㊯星期一的智慧	廖玉山編譯	100元
㊰溝通說服術	賴文琇編譯	100元
㊱超速讀超記憶法	廖松濤編譯	120元

・健康與美容・電腦編號04

①B型肝炎預防與治療	曾慧琪譯	130元
②胃部強健法	陳炳崑譯	90元
③媚酒傳（中國王朝秘酒）	陸明主編	120元
④藥酒與健康果菜汁	成玉主編	150元
⑤中國回春健康術	蔡一藩著	100元
⑥奇蹟的斷食療法	蘇燕謀譯	110元
⑦中國內功健康法	張惠珠著	100元
⑧健美食物法	陳炳崑譯	120元
⑨驚異的漢方療法	唐龍編著	90元
⑩不老強精食	唐龍編著	100元
⑪經脈美容法	月乃桂子著	90元
⑫五分鐘跳繩健身法	蘇明達譯	100元
⑬睡眠健康法	王家成譯	80元
⑭你就是名醫	張芳明譯	90元
⑮如何保護你的眼睛	蘇燕謀譯	70元
⑯自我指壓術	今井義睛著	120元
⑰室內身體鍛鍊法	陳炳崑譯	100元
⑱飲酒健康法	J・亞當姆斯著	100元
⑲釋迦長壽健康法	譚繼山譯	90元
⑳腳部按摩健康法	譚繼山譯	120元
㉑自律健康法	蘇明達譯	90元
㉒最新瑜伽自習	蘇燕謀譯	180元
㉓身心保健座右銘	張仁福著	160元
㉔腦中風家庭看護與運動治療	林振輝譯	100元
㉕秘傳醫學人相術	成玉主編	120元
㉖導引術入門⑴治療慢性病	成玉主編	110元
㉗導引術入門⑵健康・美容	成玉主編	110元
㉘導引術入門⑶身心健康法	成玉主編	110元
㉙妙用靈藥・蘆薈	李常傳譯	90元
㉚萬病回春百科	吳通華著	150元
㉛初次懷孕的10個月	成玉編譯	100元
㉜中國秘傳氣功治百病	陳炳崑編譯	130元
㉝蘆薈治萬病	李常傳譯	〈售缺〉
㉞仙人成仙術	陸明編譯	100元

國立中央圖書館出版品預行編目資料

佛法殊勝嗎？／劉欣如著 --初版 --臺北市
：大展，民82
面； 公分 --（心靈雅集；43）
ISBN 957-557-408-7（平裝）

1. 佛教—教化法

225.8 82008843

ISBN 957-557-408-7

佛法殊勝嗎

著 者／劉 欣 如
發 行 人／蔡 森 明
出 版 者／大展出版社有限公司
社 址／台北市北投區（石牌）
致遠一路二段12巷1號
電 話／（02）8236031・8236033
傳 眞／（02）8272069
郵政劃撥／0166955－1
登 記 證／局版臺業字第2171號

法律顧問／劉 鈞 男 律師
承 印 者／高星企業有限公司
電 話／（02）3012514
排 版 者／千賓電腦打字有限公司
電 話／（02）8836052
初 版／1993年（民82年）12月
定 價／140元

大展好書 好書大展